Geheimnisvoller grüner Tee

Karin Hertzer

GEHEIMNISVOLLER GRÜNER TEE

Fernöstliche Teekultur
für mehr Gesundheit und seelische Harmonie

Orac
WIEN • MÜNCHEN • ZÜRICH

Ein Verlag
im Hause Bertelsmann

Dank

Für die freundliche Unterstützung und die vielen anregenden Gespräche über die japanische Teezeremonie möchte ich mich herzlich bei Gerhardt Staufenbiel, Präsident der Urasenke Dokokai München, bedanken. Auch die Tee-Experten Andrew Demmer und Stephan Krömer (Teegarten Handelsgesellschaft mbH, Wien), Wolfram Steinwendtner (Teekanne, Salzburg) und Roland Gehweiler (Teeblätter-Versand, Wahlwies) waren eine große Hilfe beim Schreiben dieses Buches. Vielen Dank auch an die Pressestelle der Deutschen Gesellschaft für Ernährung und an alle, die zu diesem Projekt beigetragen haben, hier aber nicht namentlich aufgeführt werden können.

Bildquellenverzeichnis: StockFood München S. 11, 61, 98, 107, 131, 138 (S. & P. Eising), 15, 44 (TH Foto-Werbung), 75 (Cephas, Mick Rock), 117 (Martina Meuth); Sammlung Demmer Wien S. 22, 26, 33, 52, 53, 57, 95; Karin Hertzer S. 124, 125

ISBN 3-7015-0400-80

Einbandgestaltung: Zembsch' Werkstatt, München
Unter Verwendung von zwei Fotos der Picture Press, G. J. Fotoservice, Hamburg
Satz: Zehetner Ges. m. b. H., A-2105 Oberrohrbach
Repros: Repro Wohlmuth, Wien
Druck und Bindung: Tlaciarne, Slowakei

INHALT

VORWORT

Eine Freundschaft ist wie eine Tasse Tee.
Sie muß klar und durchscheinend sein,
und man muß auf den Grund schauen können.
Chinesisches Sprichwort

Schon lange vor unserer Zeitrechnung wuchsen Teebüsche in China, auch heute noch trinkt man dort – wie auch in Japan – am liebsten grünen Tee. Nach Europa kam der erste grüne Tee im 17. Jahrhundert, doch 200 Jahre später favorisierten die Briten den schwarzen Tee aus Indien und Sri Lanka. Und so geriet der grüne Tee bei uns wieder in Vergessenheit.
Erst die Forschungsergebnisse der japanischen Wissenschaftler, die vor wenigen Jahren auch in Europa für Aufsehen sorgten, trugen dazu bei, daß der grüne Tee wieder im Trend liegt. „Grüntee ist gesund", so lautet die einhellige Botschaft.
In diesem Buch erfahren Sie viel über die Geschichte des grünen Tees. Sie lesen von den beiden Urpflanzen Camellia sinsensis und Camellia assamica und der Verarbeitung der Blätter zu Grüntee. Und Sie lernen verschiedene Sorten und Zubereitungsarten kennen. Sie erhalten auch auch einen Einblick in die japanische Teezeremonie. Wenn Sie Lust haben, können Sie Teesüßigkeiten (Wagashi) nach den angegebenen Rezepten selbst herstellen. Und wer für die Teezeremonie typisches Essen (Kaiseki) zubereiten will, findet auch dazu viele Anregungen.

Das Tao des Tees
Das folgende Gedicht schrieb der buddhistische Mönch Chiao-Jên, der während der T'ang-Dynastie (618–907) lebte. Dem Begriff „Tao des Tees" werden Sie noch an mehreren Stellen dieses Buches begegnen – doch so schön, wie es der chinesische Dichter ausdrückte, können es nur wenige.

Ein Freund aus Yueh
Schickte zarte Blätter von Jen-Hsi-Tee.
Für sie wählte ich die Kanne,
Aus Gold, mit Elfenbein gefaßt,
Und Schalen aus schneeweißem Ton.
Mit seinem Duft und klarem Schaum
Glich der Tee dem Nektar der Unsterblichen.
Die erste Schale fegte die Spinnweben aus meinen Gedanken,
Die ganze Welt erschien mir in funkelndem Licht.
Die zweite befreite den Geist wie reinigender Regen,
Die dritte machte mich eins mit den Unsterblichen –
Warum jetzt nicht die Sorgen verscheuchen?
Wer, Irdischem zugewandt, sich dem Wein verschreibt,
Täuscht sich selbst auf betrübliche Weise.
Denn nun weiß ich es: Das Tao des Tees ist Wirklichkeit,
Wer außer Tan Ch'iu (einer der Sterblichen) könnte ihn finden?

Nehmen Sie sich ein wenig Zeit zum Lesen dieses Buches, und machen Sie es sich an Ihrem Lieblingsplatz gemütlich. Vielleicht trinken Sie nebenbei schon eine Tasse Grüntee: Seinem Geheimnis werden Sie Seite für Seite und Schluck für Schluck immer näherkommen.

Karin Hertzer

AM ANFANG WAR ALLER TEE GRÜN

Die Europäer trinken mehr Grüntee denn je: In Deutschland hat sich der Konsum innerhalb von fünf Jahren sogar verzehnfacht. Dennoch ist der grüne Tee hier noch lange nicht so bekannt wie der schwarze: Er macht nur einen Anteil von vier Prozent aus.
Das ist eigentlich verwunderlich. Denn der erste Tee, der im 17. Jahrhundert von China nach Europa kam, war grün. Doch wie kam es, daß der schwarze Tee den grünen bei uns weitgehend verdrängte? Wann haben die Chinesen und Japaner den Grüntee kennengelernt? Wie wird darüber in alten Legenden und Gedichten berichtet? Zu einer Entdeckungsreise durch die Geschichte des grünen Tees möchte Sie das folgende Kapitel einladen.

China – die Heimat des Tees

Wildwachsende Teesträucher entdeckte man zuerst in den an Tibet grenzenden Hochgebirgen, die ersten Teegärten wurden vermutlich in den Provinzen Szechuan und Yunnan angelegt.
Wie alt die Teekultur in China aber wirklich ist, darüber scheiden sich die Geister: Die einen berufen sich auf die Arznei- und Heilkräutervorschriften des Kaisers Shen-nung, der den Tee schon etwa 2700 v. Chr. als Medizin erwähnte. Die anderen berichten von Lao-tze (etwa 600 bis 500 v. Chr.), der die wundersame Wirkung der Teeblätter rühmte: Eine Legende erzählt, daß der Meister auf einer Wanderung durch die Provinz Szechuan eine Pause nahe der Stadt Tschöng-tu-fu einlegte und ein Schüler ihm „zur Stärkung und Erquickung" eine Tasse Tee reichte.
Eine andere Geschichte berichtet von Bodhi-darma, dem Sohn eines indischen Königs: Der buddhistische Missionar kam etwa 530 n. Chr. in die Region der heutigen Provinz Kanton, die an der chinesischen Südküste liegt. Während einer Wanderung überquerte er auf einem Schilfrohr den Fluß Jangtsekiang, und schließlich ruhte er sich vor einer Felswand aus. Um vollkommen zu werden, meditierte er dort

neun Jahre – wachend und fastend. Einmal aber war er so müde, daß er einschlief. Als er aufwachte, wurde er so ärgerlich auf sich selbst, daß er seine Augenlider abschnitt und sie auf den Boden warf. Und siehe da – beide Augenlider schlugen Wurzeln, und es wuchsen zwei Sträucher empor. Als Bodhi-darma von den grünen Blättern kostete, fühlte er sich alsbald gestärkt und hellwach. Er berichtete seinen Anhängern von der Heilkraft des Tees, und die Kunde verbreitete sich alsbald im ganzen Land.

Tee als Gegenspieler des Reisweins

Anfangs setzten die Mönche den grünen Tee als Medizin ein, doch etwa mit Beginn der neuen Zeitrechnung wurde er zum ganz alltäglichen Getränk. Förderlich für diese Entwicklung war, daß Tee den Körper erwärmt, aber keinen Alkohol enthält: Die chinesischen Herrscher waren es nämlich zunehmend leid geworden, daß sich ihre Untertanen allzu gern mit Reiswein und anderen vergorenen Getränken betranken. Den ersten Schritt, der den Siegeszug des grünen Tees einleiten sollte, machte Kaiser Wu-ti im Jahre 98 n. Chr.: Er ließ alle vergorenen Getränke besteuern.

So wurde der grüne Tee nicht nur als gesund gepriesen, sondern galt auch noch als preiswerte Alternative zum Reiswein. Der chinesische Weise Tsching-Mung stellte denn auch um 560 n. Chr. fest: „Tee erzeugt keinen Rausch, daher ist er besser als Wein."

Lu-Yü, der dichtende „Tee-Gott"

Das erste umfassende Werk über den grünen Tee schrieb der Dichter Lu-Yü (740–804), der sich nicht für den Zen-Buddhismus, sondern mehr für die staatsmännischen Lehren des Konfuzius begeisterte: Das 780 veröffentlichte Buch „Ch'a-King" wurde in China so bekannt, daß Lu-Yü den Beinamen „Tee-Gott" erhielt.

In seinem klassischen Buch vom Tee faßte Lu-Yü all das zusammen, was bis dahin über den Tee erzählt, geschrieben und gedichtet worden war. So berichtet er zum Beispiel von bis zu drei Meter hohen Teepflanzen und von Teebäumen in der Provinz Szechuan, deren Stamm zwei Männer kaum umfassen konnten.

Lu-Yü beschrieb auch alle notwendigen Teegeräte und den sogenannten „Ziegeltee", zu dem man den grünen Tee im 8. Jahrhundert verarbeitete: Die Blätter wurden dafür über einem Holzkohlenfeuer getrocknet, in einem Mörser zerstoßen, mit Reiswasser gemischt und dann zu kunstvollen Tafeln gepreßt. Für den Aufguß schnitt man den „Kuchen“ in schmale Streifen und rieb ihn zwischen zwei feinen Papierbögen zu Pulver. Den Ausdruck „einen Tee trinken“ verwendete der Dichter damals aber nicht. Er nannte das „eine Suppe schlürfen“: Denn dem Tee mischten die Chinesen damals gern Pfefferminze, Orangenschalen oder Ingwer bei – und manchmal sogar Zwiebeln.

Tee als Tribut an den kaiserlichen Hof

Der Ziegeltee hatte einen besonderen Vorteil: Man konnte ihn besser als die losen Blätter transportieren, und das kam dem kaiserlichen Hof gegen Ende des achten Jahrhunderts gerade recht. Eine Probe des berühmten Yang-Hsien-Tees aus der gebirgigen Gegend nahe des heutigen Shanghai hatte den Kaiser derart überzeugt, daß er die dortigen Landarbeiter von nun an verpflichtete, große Mengen dieses Tees bei Hofe abzuliefern. Um den steigenden Bedarf an „Tribut-Tee“ zu decken, wurden immer mehr Teeplantagen in dieser Gegend angelegt.

Kunstvolle Verzierungen schmückten den Ziegeltee

Den ganzen April über waren bis zu 30.000 Menschen mit dem Pflücken und Trocknen der Blätter beschäftigt – den Nutzen davon hatten aber nur die kaiserliche Familie, deren Höflinge und die hohen Beamten. Die Landarbeiter, die in dieser Gegend jährlich mehr als 10.000 Kilogramm Tee produzierten, erhielten nur einen miserablen Lohn vom Staat. Obwohl sie während der Pflücksaison ihre eigenen Reisfelder vernachlässigen mußten, war es ihnen verboten, den Tee privat zu verkaufen. Doch die Bewohner der kleinen Gebirgsdörfer konnten – trotz ihrer Ausbeutung – einigen Nutzen aus dem Tribut-Tee ziehen: Denn über die Jahre hinweg entwickelten sich die zuvor unscheinbaren Orte zu rege besuchten Handelsplätzen und Marktstädten.

Ziegeltee von China nach Tibet und Rußland transportiert
Getrockneten und gepreßten Ziegeltee brachten chinesische Händler schon im 7. Jahrhundert in die Mongolei und nach Tibet. In beiden Kulturen ist der grüne Tee auch heute nicht mehr wegzudenken. Wenn die tibetischen Nomaden von einem Ort zum anderen ziehen, nehmen sie nur wenig Obst und Gemüse mit: Sie behelfen sich mit grünem Tee, der sie vor Mangelkrankheiten zu schützen scheint.

Der Tee-Kaiser Hui-Tsung

Er war charmant, sympathisch und gelehrt, hatte nicht weniger als 3912 Kaiserinnen, Konkubinen und Dienerinnen bei Hofe versammelt und galt eher als Künstler denn als Herrscher: Kaiser Hui-Tsung befaßte sich jedoch so ausführlich mit dem Tee, daß er als „Tee-Kaiser" in die chinesische Geschichte einging. In seiner Abhandlung mit dem Titel „Ta Kuan Ch'a Lun" (1107) geht Hui-Tsung unter anderem auch auf die Qualität der gedämpften und zu Kuchen gepreßten Blätter ein: „Tees sind äußerlich so verschieden wie die Gesichter der Menschen. Ist die Konsistenz des gepreßten Tees nicht fest genug, ist die Oberfläche in der Regel rissig und glanzlos. Sie sollte aber glänzend und von fester Glätte sein. Teekuchen, die am selben Tage verarbeitet werden, an dem die Blätter gepflückt wurden, haben eine leicht purpurrote Farbe; hat die Verarbeitung längere Zeit in Anspruch genommen, ist sie dunkler ... Es gibt auch feine Teepasten von grünlicher Farbe."

➠ *Wußten Sie,* daß Sie den grünen Tee mehrmals aufgießen können? Die folgende Regel könnte vom Kaiser Hui-Tsung stammen: „Der erste Aufguß ist für den Eunuchen, der zweite für den Kaiser und der dritte für die Konkubine." Damit wird klar, daß der „Kaiser-Tee" damals als der beste galt.

Zeremonientee mit und ohne Salz darin

Den Ziegeltee löste der sogenannte „Zeremonientee" ab, den die Chinesen der Sung-Dynastie (961–1278) entwickelten: Die Blätter wurden erst gedämpft, dann getrocknet und schließlich pulverisiert – so entsteht auch heute noch der Matcha-Tee, der zu jeder japanischen Teezeremonie gehört (siehe S. 115 ff.).

In China war es jedoch damals üblich, eine Prise Salz in den gebrühten Pulvertee zu geben – diese Besonderheit übernahmen die Japaner später aber nicht, sie trinken ihren Matcha ohne jeden Zusatz.

Ch'a Shu – die chinesische Teekunst

Den gebrühten Blättertee, wie wir ihn kennen, haben die Chinesen der Ming-Zeit (1368–1644) „erfunden": Man dämpfte und trocknete die ganzen Blätter, bewahrte sie in geschlossenen Gefäßen auf, um sie dann nur noch mit heißem Wasser zu überbrühen. Zu dieser Zeit gelangten auch die ersten Teekisten von China nach Europa (siehe S. 23 f.) – sie enthielten die ganzen Blätter, denn im Reich der Mitte war der Pulvertee (Zeremonientee) bis dahin schon längst wieder in Vergessenheit geraten.
Schon die alten Chinesen hatten eine Kunst kreiert, den Tee richtig zuzubereiten und zu trinken. Sie basiert auf dem Handbuch „Ch'a Shu", das der Gelehrte Hsü-Tzê-Shu (auch Hsü Jan-Ming genannt) verfaßte. Er beschreibt erstmals, wie man den Lose-Blatt-Tee zubereitet: Blätter in einer Kanne mit heißem Wasser aufgießen und dann in Schalen servieren – so machen wir es auch heute noch.

Cha Dao – der Geist des Tees

Der zentrale Begriff in der chinesischen Philosophie ist das Tao: Damit ist das Eine, das Allumfassende gemeint, das Prinzip, das der Welt zugrunde liegt. Als Symbol wählten die alten Chinesen den Kreis, der keinen Anfang und kein Ende hat. Das Schriftzeichen für Tao hat verschiedene Bedeutungen – eine davon lautet „der Weg". Das Tao zeigt den Menschen den Weg, den sie in ihrem Leben einschlagen sollen.
Das Handbuch „Ch'a Shu" geht davon aus, daß auch der Geist des Tees – ebenso wie der Geist des Taos – alles durchströmt, die Natur, die natürlichen Dinge und auch den Menschen. So entstand der Begriff „Teeweg", den man jahrelang üben muß, um vollkommen zu werden. Die Chinesen bezeichnen ihn mit „Cha Dao", auf japanisch heißt er „chadô" (siehe S. 21 f.).
Beim Teetrinken fühlen sich die Chinesen – im Gegensatz zu den japanischen Teemeistern – weder zum Schweigen noch zum Plaudern verpflichtet. Wenn zwei oder drei Freunde zusammenkommen, um feinen Tee zu trinken, versuchen sie lediglich, weder an die Vergangenheit noch an die Zukunft zu denken, sondern sich auf das Hier und Jetzt zu

konzentrieren. Sie genießen die Freude des Lebens mit allen Sinnen, die Stimmung sollte jedem angenehm sein, vorgeschriebene Regeln gibt es nicht.

Tee – in jeder Sprache etwas anders

In China heißt der Tee „Ch'a", in Japan „Cha" und in Indien „Tschaij". Es könnte sein, daß sich die asiatischen Worte von dem Begriff „Chi" ableiten: Damit bezeichnet man in der chinesischen Philosophie die Lebensenergie, die in jedem Ding fließt – in Pflanzen, in Tieren und im menschlichen Körper. So strömt auch in den Teeblättern die Lebenskraft Chi, beim Teetrinken nehmen wir sie in uns auf.

Als der Tee in Europa bekannt wurde, übernahmen die Portugiesen, die Holländer und die Engländer zunächst den Namen „Cha", daraus wurden später „Tay" und „Tea", im Deutschen „Tee". Auf Russisch sagt man „Caj".

Treffpunkt für alt und jung: die Teehäuser

Früher, ja früher gab es sie noch in China: die öffentlichen Teehäuser. Früher, das war vor der kommunistischen Kulturrevolution (1966 bis 1969), die das Leben der Chinesen vollkommen umkrempelte. Jahrhunderte zuvor waren die Teehäuser Anziehungspunkt für jung und alt gewesen: Man traf sich dort mit Freunden zum Essen und Trinken, wärmte sich im Winter bei einer Schale Tee kurz auf oder verhandelte mit Geschäftspartnern.

Hin und wieder hörte man auch einem Geschichtenerzähler zu, der schier endlose Epen auswendig kannte. Die Besucher kamen mit den anderen Gästen leicht ins Gespräch, denn man saß an großen Tischen dicht beieinander.

Vor der Kulturrevolution gab es in Peking Hunderte von öffentlichen Teehäusern, einige erstreckten sich auch über mehrere Etagen: Unten wurde der Tee serviert, zum Durstanregen gab es gesalzene Melonenkerne oder Erdnüsse, manchmal nahmen die Chinesen auch kleine Speisen zu sich. Nach oben ging man aber nicht nur zum Teetrinken. Dort traten Sängerinnen auf, die in den höchsten Tönen alte Geschichten vortrugen, dazu trommelten und mit Schellen klapperten.

Auch heute ist das Teehaus in China ein beliebter Treffpunkt für jung und alt.

In den Teehäusern des Vergnügungsviertels „Himmlische Brücke“ amüsierten sich die Chinesen gern bei einem einfachen Tee, der aus den Resten mehrerer Sorten bestand. Wer sich auch den nicht leisten konnte, brachte sich seine eigenen Teeblätter von zu Hause mit und mußte dann nur noch das Aufgießen bezahlen.

Sparsam möbliert

Private Teehäuser konnten sich nur wenige Chinesen leisten. Die prächtigsten sind heute noch in den Gärten von Suzhou (westlich des heutigen Shanghai) und in den ehemaligen Palastgärten in Peking zu bewundern, sie stehen auf kleinen Inseln inmitten von Teichen oder kleinen Seen und können über hölzerne Brücken erreicht werden.

Die Teehäuser der Aristokraten hatten eine runde, vier- oder sechseckige Grundfläche, ihre verzierten Strohdächer stützten sich auf Pfeiler aus Holz oder Bambus. Die sparsame Inneneinrichtung bestand aus einem kleinen Tisch mit Holzstühlen oder Hockern, manchmal gab es auch ein Liegesofa im Raum. In diesen Pavillons traf man sich aber nicht nur zum Teetrinken, sondern auch zum Musizieren oder zum Schachspielen, um Gedichte zu rezitieren oder einander Geschichten zu erzählen.
Die folgenden Zeilen stammen von dem in China hochverehrten Dichter Lu T'ung, der im 9. Jahrhundert unter dem Namen „Meister Jade-Frühling“ zurückgezogen auf einem Berg in der Provinz Hunan lebte. Sein Gedicht heißt „Dank an den kaiserlichen Zensor Mêng für seine Gabe frisch gepflückten Tees“ – und damit war der grüne Tee gemeint.

Die erste Schale netzt geschmeidig Lippen und Kehle,
Die zweite vertreibt meine Einsamkeit,
Die dritte verbannt trübe Gedanken,
Und schärft das Verständnis für alles, was ich gelesen.
Die vierte beschwingt meinen Atem und läßt
Die Sorgen des Lebens durch die Poren entweichen.
Die fünfte Schale reinigt jedes Atom meines Seins.
Die sechste läßt mich Nähe zu den Unsterblichen fühlen.
Die siebte ist das Äußerste, was ich trinken kann,
Eine leichte Brise entströmt den Achselhöhlen.

Teekeramik und blauweißes Porzellan

Schalen aus Keramik fertigten Töpfer bereits in den ersten beiden Jahrhunderten nach Christus in der Provinz Chekiang an. Viele Gefäße wurden bläulich oder grünlich glasiert, der Adel protzte mit Gold und Silber, das gemeine Volk hingegen trank den Tee meist aus weißglasiertem Steingut.
In der Sung-Zeit (961–1278) stellten die chinesischen Töpfer flache Schalen – „Chien“ genannt – her, die sie schwarz, bläulich, blauweiß oder braun glasierten. Jahre später entdeckte ein buddhistischer Mönch aus I-Hsing westlich des heutigen Shanghai, daß es in dieser Gegend verschiedenfarbigen Ton gibt: So entstand dort das heute noch bekannte „Steingut der sieben Farben“, vor allem die eleganten Teekannen werden von Kennern hochgelobt.

Das Porzellan erfanden die Chinesen vermutlich im späten 13. Jahrhundert, die weiße Masse besteht aus Kaolin, Feldspat und Quarz und wird bei Temperaturen von mehr als 1000° C gebrannt. Über Persien waren die Kobaltoxid-Pigmente nach China gekommen, sie inspirierten die Töpfer zu einer neuen Unterglasur-Technik – und so entstand das typische Blauweißporzellan, das die Europäer im 17. Jahrhundert zusammen mit dem grünen Tee importierten.
Historischer Vorläufer für die heute in China beliebten Deckeltassen war der sogenannte „Chung“ – eine hohe Schale mit Deckel und tiefer Untertasse. Man trank den Tee direkt aus dem Gefäß und benutzte den Deckel dabei als Filter oder verwendete den Chung wie eine Teekanne und füllte den Tee zum Trinken in kleinere Schalen um.

➠ *Wenn Sie nach China reisen,* können Sie beobachten, daß die einfachen Leute ihren Grüntee gern in ein Schraubglas füllen, das wir vielleicht für Marmelade nehmen würden. Zum Trinken schrauben sie den Deckel ab und halten damit die schwimmenden Teeblätter zurück – der Chung hat sich also bis heute bestens bewährt.

Traditionelle Teekultur in Japan

Wetten, daß früher einige Japaner bis zu 100 verschiedene Teesorten unterscheiden konnten? Das jedenfalls wird von den Teewettstreiten berichtet, die die Japaner im 14. Jahrhundert aus China übernahmen: Anfangs begannen sie mit vier Teesorten, doch das genügte ihnen irgendwann nicht mehr, und sie steigerten die Anzahl immer weiter. Die Teeproben entwickelten sich allmählich zu einem noblen Gesellschaftsspiel des japanischen Adels und waren noch bis Ende des 16. Jahrhunderts beliebt.
Sicher ist, daß es sich bei den zu testenden Getränken nicht um schwarzen, sondern um grünen Pulvertee handelte, der mit heißem Wasser angerührt wurde. In Japan gilt das aus dem leuchtendgrünen Matcha zubereitete Getränk auch heute noch als der „Tee des Tees“, denn um ihn kreist das gesamte Ritual bei einer Teezeremonie.

➠ *Wußten Sie,* daß schwarzer Tee erst seit 1873 in Japan produziert wird? Doch die meisten Japaner blieben ihrer Tradition treu: Auch heute noch bevorzugen sie den grünen Tee, nur vier Prozent der gesamten Produktion entfällt dort auf Schwarztee.

Damals, als die Welt noch in Ordnung war

„Mukashi“ – so beginnen japanische Märchen, wir würden es mit „Es war einmal“ übersetzen. Genaugenommen aber meint das Schriftzeichen „21 Tage“ – denn in der Zeit, von der die Märchen erzählen, wurde der Tee nur an 21 Tagen im Jahr gepflückt, und damals war die Welt noch in Ordnung.
Damals, das war wohl Ende des 8. Jahrhunderts. Denn zu dieser Zeit pflanzte ein buddhistischer Priester die ersten Teebüsche in Aichiken an. Er hatte von chinesischen Mönchen erfahren, daß in den Blättern besondere Heilkräfte schlummern sollten. Wenige Jahre später sollen kurz nacheinander Saichô, Begründer des Tendai-Buddhismus, und Kûkai, Begründer des Shingon-Buddhismus, Teesamen aus China mitgebracht haben. Aber diese erste „Tee-Welle“ verebbte für viele Jahrzehnte wieder.
Erst der Mönch Esai brachte um 1191 wieder Tee von einer Chinareise mit. Die Büsche pflanzte er auf der Insel Kyûschû und in Toganoo an, den Bergen nahe der damaligen Residenzstadt Kyôto, die etwa 500 Kilometer südwestlich von Tokio liegt. Der Tee aus Toganoo galt damals als „hon-cha“, als der „echte, richtige“ Tee.

Teebüsche galten als heilig

Esai beschrieb in seinem Werk „Kissa yôjôjo ki“ (Ki = Aufzeichnung, Sa = Tee), wie der grüne Tee auf die Gesundheit wirkt. Er bezeichnete den grünen Tee als eine besondere Medizin, die die Müdigkeit vertreibt und hilft, sich besser zu konzentrieren. Und noch besser: Wer viel Tee trinkt, soll länger leben. Kein Wunder also, daß der Mönch den Boden, auf dem die Teebüsche gediehen, heiligsprach.
Im Laufe der folgenden Jahrhunderte verwoben sich der grüne Tee und der Zen-Buddhismus immer mehr, und das anregende Getränk wurde für die langen Meditationssitzungen bald unentbehrlich. Die japanischen Mönche erhoben das Zubereiten und Trinken des Tees zu einem wahren Kult, den der Kulturphilosoph Kakuzo Okakura gar als „Teeismus“ bezeichnete, um den Europäern das geheimnisvolle Japan besser vermitteln zu können.
Eine eigene Religion ist der „Teeweg“ jedoch nicht – weder für die Zen-Mönche noch für die japanischen Bürger –, auch wenn ihm eine Philosophie zugrunde liegt, die stark an bekannte Glaubenssätze erinnert.

Bodhi-darma als Stehaufmännchen

Nicht nur in China, sondern auch in Japan wird der buddhistische Missionar Bodhi-darma verehrt.
Ein japanisches Volksmärchen greift die chinesische Legende (siehe S. 9 f.) auf und erzählt von „Daruma", der weder Arme noch Beine hat, aber niemals aus dem Gleichgewicht kommt. Bis heute hat sich der Brauch gehalten, Kindern eine solche bis zu 20 Zentimeter große Holzpuppe zu schenken. Die Besonderheit: Das Stehaufmännchen hat keine Augen. Erst wenn das Kind eine wichtige Prüfung besteht, malt man sie auf den Puppenkopf. Über diese Geste freuen sich auch noch ältere Kinder, sogar bei Studenten ist der Brauch beliebt.

Viereinhalb Matten für den Teeraum

Im späten 15. Jahrhundert lehrte der Zen-Priester Murata Jukô in Kyôto, nach dem Motto „Weniger ist mehr" zu leben. Er empfahl, die Stille und die Einfachheit zu genießen, um sich besser auf sich selbst besinnen zu können. Jukô bevorzugte für die Teezeremonie schlichte Utensilien und entwickelte den sogenannten „Gyô-Stil". Ihm ist es auch zu verdanken, daß der Tee nicht mehr nur der Adelsklasse vorbehalten blieb, sondern auch im japanischen Bürgertum bekannt wurde. Der Zen-Meister soll eng mit einem der Kunstberater des Ashikaga-Shôguns zusammengearbeitet und so die japanische Teekultur wesentlich beeinflußt haben. Sein Viereinhalb-Matten-Teeraum, den er im Ginkakuji, dem Silbernen Pavillon in Tokio, anlegte, gilt auch heute noch als Vorbild für alle japanischen Teehäuser: Die gesamte Architektur richtet sich nach der Größe der Reisstrohmatten, die auf dem Boden liegen. Die nach dem üblichen Kantô-Maß gefertigten Matten sind 95 × 190 Zentimeter groß und 6,5 Zentimeter dick. Nach ihnen bemißt sich nicht nur die Grundfläche und die Raumhöhe, sondern auch die Größe der Schiebetüren und der Fenster. Ein Viereinhalb-Matten-Raum wie der des Zen-Priesters Jukô mißt also etwa 8,1 Quadratmeter, heute gibt es aber auch Räume mit eineinhalb, zwei, drei und sechs Matten.

Der Meister aller Meister: Sen Rikyû

Einen Mann aber verehren die japanischen Teeliebhaber mehr als alle anderen: den Großmeister Sen Rikyû (1522–1591). Er war ein Schüler von Takeno Jôô, der die erste bedeutende Sammlung von Teegeschirr zusammenstellte und die Kunst förderte, Teeschalen aus Ton zu formen. Wie Jôô, der wahrscheinlich aus einer alten Samurai-Familie stammte, legte auch Sen Rikyû Wert darauf, die friedliche Stimmung beim gemeinsamen Teetrinken zu nutzen, um arm und reich zu versöhnen.

Großes Aufsehen erregte damals die „Große Teeversammlung", die Rikyûs wohlhabender Förderer Hideyoshi 1587 in der Nähe von Kyôto ausrichten ließ: Für das Fest, das zehn Tage dauern sollte, ließ der Teemeister etwa achthundert Teehütten errichten. Jeder konnte kommen, „sei er auch niedrigen Standes. Er soll einen Kessel, eine Schöpfkelle, ein Wassergefäß und etwas zu trinken mitbringen. Doch wenn er keinen Tee besitzt, darf er auch gebranntes Gerstenpulver verwenden."

Alles war gut geplant, aber dann währte das Fest doch nur einen einzigen Tag: Der Fürst mußte es abbrechen, um einen Aufstand in einem anderen Landesteil zu bekämpfen – und dennoch gilt die „Große Teeversammlung" bis heute als spektakuläre Krönung eines Goldenen Zeitalters.

Rikyûs „Karriere" als Teemeister endete jedoch zwei Jahre später ziemlich abrupt: Er war bei seinem Gönner in Ungnade gefallen, wurde zum Selbstmord gezwungen und starb fast siebzigjährig durch das eigene Schwert.

Raku-Schalen von Hand aufgebaut

Seiner Nachwelt hinterließ Rikyû eine besondere Tee-Keramik, die er zusammen mit Chojirô, dem ersten Meister der Raku-Familie, entwickelt hatte und die bis heute bei der Teezeremonie beliebt ist: Die Schalen baut der Töpfer von Hand auf und formt sie mit Messer und Spatel so, daß sie eine dicke, ungleichmäßige Wand bekommen und schwer in der Hand liegen. Die Fließglasuren der Raku-Schalen sind häufig rot oder schwarz.

Zum Andenken an Sen Rikyû wurden später mehrere Teeschulen gegründet, die alles rund um die Teezeremonie lehren. Nur eine der rund 100 traditionsbewußten Institutionen arbeitet heute außerhalb Japans: die Urasenke-Schule, die von leiblichen Nachfahren Rikyûs begründet wurde (siehe S. 30).

Geschäumter grüner Pulvertee

In Japan dauerte das Mittelalter zwei Jahrhunderte länger als in Europa – und das hatte zumindest für die Teekultur sein Gutes, denn während der Isolation von 1637 bis 1857 wahrten die Japaner ihre Traditionen, den Matcha nach festgelegten Regeln zuzubereiten und zu servieren.

Heute trinkt man den geschäumten grünen Pulvertee nur noch bei der Teezeremonie – im Alltag ist der grüne Blatt-Tee wesentlich beliebter. Die Japaner trinken ihn am Morgen und auch zwischendurch zur Besinnung und zur inneren Stärkung. Sie schlürfen das Getränk nicht gegen den Durst hinunter, sondern nehmen nur wenige Schlucke und zelebrieren den Augenblick des Teetrinkens als Ritual, gewissermaßen als Gebet, denn für sie kann alles im Alltag – also auch der Tee – „göttlich“ sein. Viele Japaner bezeichnen den Tee übrigens nicht als „cha“ sondern als „o-cha“, was man mit „ehrwürdiger Tee“ übersetzen könnte.

➠ *Hat Sie schon mal ein Japaner gelobt* und Ihnen gesagt, daß Sie „Tee in sich haben“? Diese Redewendung bedeutet ein Lob. Sie soll ausdrücken, daß Sie ausgeglichen und zufrieden wirken und das richtige Maß für Ästhetik kennen.

Chadô – der Teeweg

„Cha“ heißt im Japanischen Tee, das angehängte Wort „dô“ hat sich aus dem chinesischen „tao“ (Weg, Pfad, Bahn) entwickelt. „Chadô“ ist demnach der Teeweg: Man muß ihn jahrelang üben – schon allein, um die vielen für die Teezeremonie vorgeschriebenen Handgriffe und Bewegungen zu lernen.

Die Teezeremonie, die sich seit dem 16. Jahrhundert in Japan entwickelte, heißt auf japanisch „Chanoyu“: Über die wörtliche Übersetzung „heißes Wasser für Tee“ oder „heißes Teewasser“ hinaus bezeichnet das Wort eine gelebte Teekunst, eine Lebenskunst gar. Der Samurai und Schriftsteller Kakuzo Okakura beschreibt sie als „Kult, gegründet auf die Verehrung des Schönen inmitten der schmutzigen Tatsachen des Alltags“.

Seine Wurzeln hat der Teeweg in dem Buch „Ch'a-king“ des chinesischen Dichters Lu-Yü. Die überlieferten Regeln ordnete der japanische Großmeister Sen Rikyû im 16. Jahrhundert neu, er nahm weitere Vorschriften hinzu und gab sie an seine Schüler „von Hand zu Auge,

Die japanische Teezeremonie: ein wichtiger Bestandteil der japanischen Kultur.

von Mund zu Ohr und vor allem von Herz zu Herz“ weiter. Über die Teezeremonie hinterließ Rikyû keine schriftlichen Aufzeichnungen, von ihm sind nur einige historisch fragwürdige Briefe sowie sehr schwer verständliche „100 Gedichte“ überliefert.

Vier Prinzipien erfüllen

Der Großmeister formulierte vier Prinzipien, die bei jeder Teezeremonie lebendig werden sollen:

- **Wa (Harmonie):** Der Gastgeber soll sich um eine harmonische Stimmung bemühen. Es aber auch darum, mit den Teegeräten geschickt umzugehen und auf eine Harmonie zwischen den Dingen zu achten. Zudem soll der Teemeister eine Einheit mit der Natur, den Jahreszeiten und der jeweiligen Wetterlage anstreben.
- **Kei (Ehrfurcht):** Gastgeber und Gäste sollen einander achten und alle Teegeräte wertschätzen, ganz gleich ob sie kostspielig oder einfache Dinge des täglichen Gebrauchs sind.
- **Sei (Reinheit):** Der Gastgeber soll sich auf seine Bewegungen und die Reinigung der Teegeräte konzentrieren, um so zur inneren Reinheit und Klarheit zu kommen. Erst die Reinheit des Herzens wirkt wie ein klarer Spiegel, der die Dinge so sein läßt, wie sie sind.
- **Jaku (Stille):** Wer die ersten drei Prinzipien fortwährend übt, wird innerlich ruhig und gelassen, die Stille wirkt sich auf das ganze Leben und Dasein aus.

Die vier Prinzipien, die ein Meister bei einer Teezeremonie beherzigen sollte, erinnern stark an die Philosophie des Zen-Buddhismus. Dennoch gibt es einen wichtigen Unterschied: Bei der Teezeremonie kommen mehrere Menschen zum rituellen Teetrinken zusammen – der Zen-Meister hingegen strebt seine Erleuchtung für sich ganz allein an, indem er meditiert.

Europa entdeckt den grünen Tee

„Thee kombt mir vor wie Heu und Mist, mon Dieu. Wie kann einem vernünftigen und gesund empfindenden Menschen sowas Bitteres und Stinkendes schmecken?“ schrieb Kurfürstin Liselotte von der Pfalz ihrem Schwager König Ludwig XIV. im Jahre 1712. Die adelige Dame verspottete den Tee als „Heuwasser“ – und meinte damit wohl den grünen Tee.

Denn es steht fest, daß der erste Tee, der 1610 nach Europa kam, kein schwarzer, sondern grüner war. Die Niederländisch-Ostindische Kompanie hatte ein paar Kisten japanischen Grüntee zusammen mit anderen Waren – via Bantam auf Java – nach Amsterdam gebracht. Dort galt der Tee anfangs als exotisches Prestigeobjekt, denn das neue Modegetränk konnten sich wegen des nahezu unerschwinglichen Preises nur der Adel und die reichen Kaufleute leisten.
Die Kunde vom grünen Blättertee, den man mit heißem Wasser aufgießt, hatten aber schon seit dem 13. Jahrhundert einige Seefahrer – wie Marco Polo – in Europa verbreitet. Da sie das Getränk aber nur am Rande erwähnten, dauerte es noch einmal vier Jahrhunderte, bis die Europäer den grünen Tee für sich entdeckten. Von Holland aus erreichten die ersten Teekisten 1636 Frankreich, 1645 England und 1657 Deutschland.

Grüner Tee für findige Köpfe

Alsbald ereiferten sich die Mediziner über die Wirkung des grünen Tees: Die einen priesen das Getränk gegen Blähungen, Koliken und Gicht, die anderen versprachen, daß es gegen Depressionen und sogar Impotenz helfe. Der Franzose M. Philiberto Morisset erhob den grünen Tee gar zur Antidroge gegen bewußtseinshemmende Pflanzengifte und

Karawanentee aus Rußland

Der Seetransport hatte für den Grüntee einen entscheidenden Nachteil: Sein Aroma verschlechterte sich während der langen Fahrt, weil die Kisten in den stinkenden Lagerräumen der Segelschiffe lagerten.
Daher bevorzugte man einige Jahre lang den sogenannten „Karawanentee“, der auf dem Landwege nach Europa kam. Schon 1567 war der erste chinesische Grüntee mit Karawanen in Rußland eingetroffen, zwei Jahrhunderte später wurde das Getränk im ganzen Land bekannt, weil Zar Alexis so begeistert davon war. Schließlich erreichten einige Proben dieses Karawanentees auf Umwegen auch Europa: Sein Aroma war wesentlich frischer als der des verschifften Tees. Doch im Laufe der Jahre verbesserte sich die Qualität des direkt importierten Tees, so daß der Karawanentee wieder in Vergessenheit geriet.

behauptete, daß der „chinesische Tee Krankheiten, und zwar speziell des Gehirns, dem Sitz des Geistes, dessen Erschlaffung und Abstumpfung ... verhindert".

Bis Ende des 17. Jahrhunderts wurde das gesunde Getränk auch bei den Bürgern als „Ernüchterer" modern. Den Tee – und auch den zugleich populär gewordenen Kaffee – schätzten die Reformatoren sehr, denn das in den heißen Getränken enthaltene Koffein hielt die findigen Köpfe bis spät in die Nacht wach.
Da die Versuche, Teebüsche auch in Europa anzubauen, immer wieder fehlschlugen, importierten die Holländer ihren Tee weiterhin vor allem aus Japan, die Engländer kauften in China ein. Die Händler aus Amsterdam und London konkurrierten um ihre Vormachtstellung, bis schließlich die britische Regierung die Oberhand gewann, Einfuhrzölle und Konsumsteuern erhob und von 1667 bis 1849 sogar verbot, Tee aus Holland einzuführen.

Die Boston Tea Party
342 Kisten Tee landeten am 16. Dezember 1773 im Salzwasser des Bostoner Hafens – es handelte sich um grünen Tee aus China, denn der schwarze wurde erstmals nach 1830 in Indien produziert.
Die Ladung hatten drei Segelschiffe der Britisch-Ostindischen Kompanie von London aus nach Neu-England gebracht, wo König Georg III. hohe Einfuhrsteuern für den Tee verlangte. Den Zoll – Threepence für ein Pfund – hätten die Amerikaner 20 Tage nach der Ankunft zahlen müssen, sonst wäre die Ladung wieder zurückgegangen. Die Kolonisten aber hatten sich derart über die hohe Teesteuer ereifert, daß sie die Schiffe rund um die Uhr bewachten, sich aber weigerten, den Zoll zu zahlen. Schließlich kletterten etwa 90, zum Teil als Indianer verkleidete Männer über die Reling und warfen unter dem Jubel des Volkes die Kisten ins Meer – diese „Boston Tea Party" feierten die Historiker später als Geburtsstunde der amerikanischen Unabhängigkeit.

Tee in Großbritannien billiger als Kaffee
Vor allem in England wurde der Tee immer beliebter, auch weil er deutlich preiswerter als Kaffee war. Die unterschiedlichen Preise kamen zustande, weil die seit 1600 bestehende Britisch-Ostindische Kompanie das Monopol für den gesamten britischen Asienhandel besaß und die Preise – also auch des chinesischen Tees – diktieren

Der Handel mit Tee wurde bald zu einem wichtigen Wirtschaftsfaktor in den britischen Kolonien.

konnte. Den Kaffee kauften unabhängige Kaufleute in Südamerika ein, und dort bestimmten Angebot und Nachfrage den Wert der Ware.

Entscheidender für Geschichte des Tees aber war, daß die Briten 1757 Bengalen eroberten und ihre Kolonie bald über ganz Indien ausdehnten. Im Jahre 1823 entdeckte schließlich der britische Major Robert Bruce wildwachsende Teebüsche in den Regenwäldern von Manipur, das zwischen Burma und der indischen Provinz Assam lag. Die Botaniker konnten ihr Glück erst gar nicht fassen: Als aber China dann auch noch der Britisch-Ostindischen Kompanie zehn Jahre später das Teemonopol entzog, machten sich die Briten unabhängig: Sie ließen Teebüsche in Assam pflanzen, im Jahr 1859 gab es schon 50 Plantagen. Der Handel mit der „Assam Tea Company" sollte sich von nun an zu einem lohnenden Geschäft entwickeln – und damit wurde auch der Siegeszug des schwarzen Tees eingeläutet.

Wie der grüne Tee in Vergessenheit geriet

Die Europäer hatten zwar den grünen Tee zuerst kennengelernt und seine Wirkung hoch gelobt, doch 200 Jahre später wollte ihn kaum jemand mehr kaufen. In England wurde nämlich gemunkelt, der grüne Tee greife die Nerven an und sei gesundheitsschädlich. Letzteres mag auch wirklich gestimmt haben – wenn man bedenkt, daß die Briten damals den Farbton künstlich intensivierten, indem sie das sogenannte Preußischblau (Indigo) und leicht giftigen Grünspan beimengten.
Es gibt auch noch zwei weitere Hypothesen über das Verschwinden des Grüntees vom europäischen Markt: Demnach könnte es sein, daß der grüne Tee die Europäer zu sehr an bittere Medizin erinnerte, die dunkelbraune Farbe des schwarzen Tees hingegen Wohlgefühle bei den Käufern hervorrief. Andere Experten weisen darauf hin, daß nur der schwarze Tee das Leben versüßen würde, weil man ihn besser als den grünen Tee mit Zucker und Milch trinken könne. Entscheidender für die Abneigung gegen den chinesischen Grüntee wird auch der höhere Preis gewesen sein, den die Briten für die importierten Sorten zahlen mußten. Nachdem sie aber ihre Anbaugebiete in Indien und ab 1876 auch im heutigen Sri Lanka weiter ausgedehnt und die Produktionsmethoden verbessert hatten, rührten die Londoner Teehändler die Werbetrommel nicht mehr für den grünen, sondern für den schwarzen Tee – und so eroberte der günstigere und in großen Mengen produzierte indische Schwarztee von England aus den europäischen Markt.

Grüner Tee seit den 90er Jahren wieder im Trend

Die Zeiten haben sich geändert, und nach einer Durststrecke von rund 100 Jahren liegt der grüne Tee wieder im Trend: Japanische Forscher stellten nämlich Ende der 80er Jahre fest, daß ihre Landsleute weltweit die statistisch höchste Lebenserwartung haben und daß die Bewohner des Landkreises Shizuoka seltener als alle anderen Japaner an Krebs starben – vor allem Magenkrebs gab es dort nahezu gar nicht. Die Mediziner suchten nach den Ursachen und kamen darauf, daß es der grüne Tee sein müsse, der in Japan, und besonders in Shizuoka, seit Jahrhunderten so beliebt ist. Die Wissenschaftler untersuchten die Inhaltsstoffe und die Wirkung des grünen Tees genauer (siehe S. 72 ff. und S. 82 ff.), und zu Beginn der 90er Jahre wurden die Berichte auch in Europa veröffentlicht. Seitdem hat ein Teegeschäft, das auf sich hält, gleich mehrere Sorten Grüntee aus China und Japan im Regal – und Sie können sich freuen, eine alte Tradition aufleben zu lassen.

Teetrinker in Deutschland, Österreich und in der Schweiz

„Tee macht Freunde" – mit diesem Slogan warb die Ostfriesische Tee-Union Ende der 70er Jahre. Doch der Boom, den die Alternativbewegung in Deutschland hervorgerufen hatte, betraf vor allem die schwarzen Tees aus Assam, Darjeeling und Sri Lanka. In der „Szene" galten auch aromatisierte Sorten als schick, preiswerte Qualitäten wurden häufig durch den Duft und Geschmack der beigemengten Essenzen aufgewertet. In den 80er Jahren ebbte die Teewelle wieder ab, nur die Ostfriesen blieben ihrer Vorliebe treu: Sie konsumieren jährlich 2,4 Kilogramm Schwarztee (1996), diese Menge übertreffen in Europa nur noch die Iren und die Briten.

In ganz Deutschland stieg Anfang der 90er Jahre der Teeverbrauch wieder an. Zudem war die Kunde von den positiven Wirkungen des Grüntees nach Europa geschwappt, und so begeisterte man sich auch hier zunehmend für das heilsame Getränk aus China und Japan: 1992 verbrauchte jeder Deutsche im Durchschnitt 1,3 Gramm grünen Tee, 1996 waren es dann schon 13 Gramm – das sind etwa neun Tassen. Der Verbrauch stieg von 105 Tonnen (1992) auf 1045 Tonnen an (1996), kaum ein anderes Lebensmittel kann solche Zuwachsraten aufweisen. Doch bei aller Euphorie spielt der Grüntee immer noch eine bescheidene Nebenrolle: Nach den Berechnungen des Deutschen Teebüros in Hamburg hat er – in Hinblick auf alle Teesorten – nur einen Anteil von vier Prozent.

☞ **Tip:** Sie können grünen Tee nicht nur im Laden, sondern auch per Katalog bestellen. Einige Händler bieten ihre Produkte auch im Internet an. Dort finden Sie unter anderem auch den Teeblätter-Versand, der 80 verschiedene Grüntee-Sorten aus China, Formosa (Taiwan), Japan und Indien importiert.

Österreich ist bekannt für seine Kaffeehäuser, allein in Wien gibt es fast 500 davon. Jeder liebt sie: die Melange, die kleinen und großen Braunen, die Einspänner, Fiaker und Kapuziner – aber wer eine Tasse schwarzen oder gar grünen Tee bestellen möchte, hat im Café oder im Restaurant nur wenig Auswahl.

Auch privat können die Österreicher dem Tee nicht sehr viel abgewinnen: 1996 kaufte jeder im Durchschnitt etwa 180 Gramm Tee, und diese Menge ergibt sich vor allem durch schwarze Sorten. Wenn der Anteil von Grüntee – wie in Deutschland – bei vier Prozent liegen sollte, dann verbraucht ein Österreicher im Durchschnitt sieben Gramm grünen Tee pro Jahr, das genügt für fünf Tassen.

☞ **Tip:** Der Wiener Tee-Großhändler Andrew Demmer, der seinen Grüntee direkt aus Japan, China und Taiwan importiert, berichtet von einem steigenden Trend: Um seinen Landsleuten den nicht fermentierten Tee schmackhaft zu machen, setzt er zum Einstieg auch auf Grüntees mit Aromen wie Pfirsich, Vanille, Orange und Earl Grey. Aber auch Gunpowder „Temple of Heaven" und Japan Sencha sind mittlerweile in Österreich sehr beliebt.

In der Schweiz haben Kräuter- und Früchtetees eine jahrhundertelange Tradition. Seit jeher schätzt man die heilenden Kräfte der Pflanzen, für grünen oder schwarzen Tee gibt es bislang aber keinen großen Markt. 1992 verbrauchten die Schweizer 260 Gramm Tee, davon sind mehr als die Hälfte Früchte- und Kräutertees.

➠ *Hätten Sie vielleicht Lust,* eine Teereise nach China, Japan oder Indien zu machen? Erkundigen Sie sich bei Reiseveranstaltern und großen Teeimporteuren danach, welche Anbaugebiete Sie besichtigen können.

Special: Die Urasenke-Schule – Frieden durch das Teilen einer Tasse Tee

„In meinen Händen halte ich eine Schale Tee. Seine grüne Farbe ist ein Spiegel der Natur, die uns umgibt. Ich schließe meine Augen, und tief in mir drin finde ich die grünen Berge und das klare Wasser der Quellen. Ich sitze allein, werde still, und fühle, wie all dies ein Teil von mir wird. Was ist das Wundervollste für Menschen, die wie ich dem Teeweg folgen? Meine Antwort: das Gefühl der Einheit von Gast und Gastgeber, geschaffen durch die ‚Begegnung von Herz zu Herz', und das Teilen einer Schale Tee" – so beschrieb Sôshitsu Sen XV. den Teeweg als ein Leben nach dem Motto „Frieden durch das Teilen einer Tasse Tee". Sen Sôshitsu, ein Nachkomme des Großmeisters Sen Rikyû in der 15. Generation, ist das Oberhaupt der Urasenke-Schule.

Gegründet in der damaligen Residenzstadt Kyôto

Die japanischen Kaiser residierten mehr als 1000 Jahre lang in Kyôto, das rund 500 Kilometer südwestlich von Tokio auf der Hauptinsel Honshu liegt. Als die buddhistischen Mönche den Tee von China mit auf die Inseln brachten, entwickelte sich die Residenzstadt zum Mittelpunkt für die Teezeremonie. Dort entstanden auch die ersten Teeschulen.

In Japan gibt es heute mehr als hundert Tee-Institute – weltweit arbeitet aber nur die Urasenke-Schule, die ein Urenkel des berühmten Teemeisters Sen Rikyû Anfang des 17. Jahrhunderts gründete. Schon Sen Sôtan, Rikyûs Enkel, hatte sich für die Weiterentwicklung des Teeweges eingesetzt und den Begriff „cha Zen ichi mi" (Tee und Zen: ein Geschmack) geprägt, der die geistige Nähe des Teeweges und des Zen-Buddhismus verdeutlicht. Das Wort „Urasenke" setzt sich aus „ura" (hinten), „Sen" (Familienname) und der Silbe „ke" (Haus bzw. Familie) zusammen. Denn die Schule entstand auf dem hinteren Teil des großen Familiengrundstücks, auf dem Sôtans jüngster Sohn Sôshitsu viele Jahre zusammen mit seinem Vater gewirkt hatte. Seit jener Zeit heißt der Leiter der Urasenke immer Sôshitsu.

Teeschulen auch in Europa

Auch in Europa hat die Urasenke Mitglieder: Die Studiengruppe Urasenke Dokokai München betreibt das einzige freistehende Teehaus in Deutschland, es steht im Englischen Garten in München (siehe S. 116). Die Urasenke-Niederlassung in Freiburg leitet der in Japan ausgebildete Teelehrer Ulrich Soshiki Haas, der die Teezeremonie nicht nur dort, sondern auch in Stuttgart und in Frankfurt am Main lehrt.

Der ranghöchste Teemeister in Europa aber ist der Japaner Makôto Sôshin Kuramoto: Er lebt und arbeitet in Düsseldorf, unterrichtet aber auch in Hamburg. Darüber hinaus gibt es nur noch wenige angesehene Teelehrer in Europa – die Zentren sind London, Paris und Rom.

Wer sich für die Ausbildung zum Teelehrer entscheidet, muß viel Zeit und Geduld mitbringen: Das Studium an der Urasenke-Schule dauert für Japaner sechs, für Nicht-Japaner drei Jahre. In dieser Zeit lernen die Teeschüler alles über die Teezeremonie, zudem beschäftigen sie sich intensiv mit der japanischen Architektur, der Malerei, der Schreibkunst (Kalligraphie), der Landschaftsgärtnerei und dem Kunsthandwerk. Auf dem Lehrplan stehen zudem japanische Geschichte, die Lebenswerke der großen Teemeister und der Zen-Buddhismus, darüber hinaus geht es auch um die japanische Sprache, die Kochkunst und die traditionelle Kleidung.

DER TEEBUSCH IST EIGENTLICH EIN BAUM

„Manche Teeblätter sehen faltig aus wie die Stiefel tatarischer Reiter, andere regelmäßig wie die Brust eines Bullen, andere gekräuselt wie ziehende Wolken über den Bergen, noch andere wie das vom Windhauch aufgerührte Wasser oder wie frischgepflügtes Land, auf das eben ein heftiger Regen niedergegangen ist“, schrieb der chinesische Dichter Lu-Yü im Jahre 780.
So unterschiedlich die Teeblätter auch aussehen, eines ist sicher: Sie stammen von zwei Urpflanzen, die botanisch zur Familie der Kameliengewächse gehören und in der freien Natur baumhoch wachsen. Die wohl ältesten Exemplare können Sie in der chinesischen Provinz Yunnan (Region Xishuangbanna) bewundern. Sie sind bis zu 32 Meter hoch und haben einen Stamm von fast einem Meter Duchmesser – ihr Alter schätzen Experten auf etwa 1700 Jahre.
Die Pflanzen, die heute in den Teegärten und auf den Plantagen angebaut werden, sind wesentlich kleiner als die ursprünglichen Bäume. Der Grund: Damit man die Blätter bequemer ernten kann, werden die Pflanzen auf 1 bis 1,20 Meter zurückgeschnitten – so treiben sie während der Wachstumsphase etwa alle 10 bis 15 Tage neue Knospen und Blätter.

Die beiden Urpflanzen

Haben Sie schon mal eingetopfte Kamelien im Wintergarten oder auf der Fensterbank bewundert? Vom Spätherbst bis zum Frühling zeigen sie weiße, rosafarbene oder rote Blüten. Die Kunst aber ist die richtige Pflege, denn Kamelien stammen aus Ostasien und mögen ein feuchtwarmes Klima und helle bis halbschattige Standorte: Sie leiden bei zu trockener Erde, bei hartem Wasser und bei Staunässe, vertragen keine Nachtfröste und sind auch sonst recht wählerisch.
Auch der Teestrauch gehört zur Familie der Kamelien, von denen es rund 80 verschiedenen Arten gibt. Hiesige Gärtnereien bieten ihn manchmal unter dem Namen „China-Rose“ an, er trägt – wenn Sie

Eine alte botanische Darstellung der Teepflanze.

Glück haben und alle Voraussetzungen für die Pflege erfüllen – etwa drei Zentimeter große, gelblich-weiße Blüten.
In den Teegärten und -plantagen in China, Taiwan, Japan, Indien und Sri Lanka interessiert man sich aber überhaupt nicht für die wohlriechenden Blüten des Teestrauchs, denn für die Verarbeitung zu Tee kommen nur die Knospen und Blätter in Frage. Auch die holzigen Kapseln mit den bis zu drei kirschgroßen Samen, die der Teestrauch neun Monate nach der Blüte als Früchte hervorbringt, sind als Rohstoff für den Tee nutzlos.

Teerosen-Öl
Der Kamelien-Teebusch treibt zwar auch duftende Blüten, das wertvolle Rosenöl wird aber aus einer Pflanze hergestellt, die man heute der Gattung „Rosa" zuordnet. „Rosa odorata" heißt die Teerose, von der 1824 einige Exemplare von China nach Großbritannien eingeführt wurden. Botanisch korrekt gehört sie zur Sektion der Chinensis: Diese immergrünen oder halbimmergrünen Kletterrosen haben lange, dünne Triebe und hakenförmige Stacheln. Sie treiben einzelne, fünf bis acht Zentimeter große Blüten, die weiß, blaßrosa oder gelblich sein können und einen starken Teeduft ausströmen.
Das ätherische Öl entsteht, wenn die Rosenblätter destilliert werden. Reines Rosenöl ist sehr teuer: Ein Kilogramm Rosenöl kostet etwa 10.000 Mark, da man für diese Menge etwa 5000 Kilogramm Rosenblüten braucht. Preiswerter ist das Rosenwasser – man benutzt es für Marzipan, Bowlen und Liköre, es wird auch zu Honig, Sirup und Suppen gegeben.
Der Duft von Rosenöl und Rosenwasser beruhigt und harmonisiert die Gefühle. Daher werden die Essenzen gern Damenparfums, Gesichtscremes und Körperölen beigemischt, auch in der Aromatherapie schätzt man sie.
☞ **Tip:** Einen besonders intensiven Teeduft strömen die Kletterrosen „Magnolia Rose" (Devoniensis climbing) und „Rêve d'Or" aus, aber auch die Sorten „Mme Laurette Messimy", „Perle d'Or", „Mutabilis" und „Marie van Houtte" sind wegen ihres Dufts beliebt.

Zwei Varietäten – viele Meinungen

Schon seit Jahrhunderten gedeiht in China die Teepflanze mit dem lateinischen Namen „Camellia sinensis“. Um die chinesische Varietät hervorzuheben, erweitert man die lateinische Bezeichnung mit „var. sinensis“: Der immergrüne, reich verzweigte baumartige Strauch wird in freier Natur vier bis sechs Meter hoch und hat eine tiefreichende Pfahlwurzel. Die dunkelgrünen, glänzenden, lederartigen Blätter sind lanzettförmig und an den Rändern grobgesägt, sie können sieben bis zwölf Zentimeter lang werden. Die Knospen und die Unterseiten der jungen Blätter sind mit einem Flaum bedeckt, den man auch im fertigen Grüntee noch als seidenartigen Schimmer entdecken kann.

Eben diese „Camellia sinensis“ verarbeiten die Chinesen seit jeher zu Tee. Die Züchter kreuzen immer wieder Teebüsche aus verschiedenen Provinzen und pflanzen nur die in großem Stil an, die sich am besten bewährt haben. Seit Ende des 8. Jahrhunderts vermehren auch die Japaner die chinesische Varietät in ihren Teegärten, gelegentlich wird sie auch als „Camellia japonica“ bezeichnet.

Wildwachsende Teebüsche in Assam entdeckt

1823 aber war das Jahr, das die Tee-Experten in aller Welt aufrüttelte: Hatte man doch in den tropischen Wäldern von Assam wildwachsende Teepflanzen entdeckt, die den chinesischen zwar ähnelten, aber doch ihre Eigenheiten aufwiesen.

Seitdem gehen immer wieder die Meinungen über die Frage auseinander, ob die Chinapflanze eine Kulturform der Assampflanze sei oder ob die „Camellia sinensis“ nach Nordindien gelangte und dort verwilderte. „Camellia sinensis var. assamica“ – die Assam-Pflanze – wird mit zwölf bis 15 Metern höher als die aus China, sie hat größere Blätter (bis zu 25 Zentimeter lang), verträgt Trockenheit schlechter und leidet mehr unter Frost.

Heutzutage gedeihen in Indien fast ausschließlich Assam-Hybriden, die aus Kreuzungen der Assam- und der China-Pflanze entstanden sind. Diese Sorten vereinen die guten Eigenschaften beider Urpflanzen, im Vergleich zur Varietät „assamica“ sind sie widerstandsfähiger gegen Schädlinge und Pflanzenkrankheiten und passen sich besser an die Klimabedingungen in Nordindien an.

Für grüne Tees eignen sich die Assam-Blätter jedoch weniger, denn sie enthalten mehr Gerbstoffe und schmecken daher im Aufguß bitterer. Einen enormen Vorteil hat die Assam-Pflanze dennoch: Die

Special: Biotee aus kontrolliert biologischem Anbau

Es geht auch anders: Biotee-Projekte

1986 wurde weltweit der erste Teegarten auf biologischen Landbau umgestellt. Das Bioprojekt für Schwarztee entstand auf Sri Lanka – Initiatoren waren die Gesellschaft zur Förderung der Partnerschaft mit der Dritten Welt (gepa) und die Firma Stassen Export. Mittlerweile haben auch andere Teegärten ihre Produktion umgestellt – in Assam gibt es zwei, in Darjeeling acht. Einige verkaufen nicht nur schwarzen, sondern auch grünen Biotee.

Folgende Regeln gelten für den ökologischen Teeanbau:

- Mischkultur statt Monokultur: Zwischen den Teebüschen wachsen Schattenbäume, Leguminosen sammeln den Luftstickstoff im Boden, am Rande der Felder stehen Büsche oder Laubbäume. Die Schattenbäume und Wälder versorgen die Plantagenbewohner mit notwendigem Brennholz. Der Boden wird mit Mulchmaterial abgedeckt, es stammt vom Unterwuchs der Teesträucher. Auch außerhalb der Saison müssen die Arbeiter Unkraut mulchen und Pflanzen kompostieren, so können mehr Personen als beim traditionellen Teeanbau beschäftigt werden.
- Synthetische Pestizide, Stickstoffdünger, leichtlösliche Phosphate und chlorhaltige Kalidünger sind verboten. Das legen die Basisrichtlinien der IFOAM (International Federation of Organic Agriculture Movements) und die EG-Verordnung 2092/91 fest. Die Pflückerinnen und die Arbeiter kommen so weniger mit Schadstoffen in Berührung, sie leben gesünder als auf traditionell bewirtschafteten Plantagen.
- Die Arbeiterfamilien halten auf den Teeplantagen Rinder und Kühe, sie produzieren Kompost und Dung für die Plantage, die Milch können sie selbst trinken oder verkaufen.

Derzeit machen Biotees in Deutschland etwa vier Prozent des gesamten Teemarkts aus, das ist dreimal so viel wie der Anteil anderer ökologisch erzeugter Lebensmittel. Experten schätzen die Marktentwicklung für Tee aus ökologischem Anbau weiterhin positiv ein: Vor allem kritische und höher gebildete Konsumenten seien zunehmend gesundheits- und umweltbewußter – sie lassen sich auch von den bis zu 40 Prozent höheren Preisen für Biotee nicht abschrecken.

Wo erhalten Sie Biotee?

- Die *„Gesellschaft zur Förderung der Partnerschaft mit der Dritten Welt“* (gepa) ist der größte Anbieter von Bio-Grüntee in Deutschland. Die Tees, die von zwei Plantagen in Darjeeling kommen, werden vor Ort in handgeschöpften Kartons abgepackt und hauptsächlich in Naturkostläden und Weltläden verkauft. Die Samabeong-Plantage, die zwischen der Stadt Darjeeling und der Grenze zu Bhutan liegt, wurde 1990 auf biologischen Landbau umgestellt und arbeitet nach den Prinzipien von Naturland. Im Angebot: Bio Grüntee, Bio Jasmin Grüntee und Bio Jasmin Grünteebeutel. Die Ambootia-Plantage in Darjeeling wird seit 1993 ökologisch bewirtschaftet, der Premium Grüntee trägt das Demeter-Zeichen mit dem Zusatz „in Umstellung“.
- *„nur natur, Stillern – Mooseuracher GmbH“*, gehört dem Naturland-Verband an und war 1995 der größte Hersteller und Händler von Biotee in Europa. Die Firma kauft den Biotee vorwiegend von Partnerprojekten und eigenen Teegärten ein. Die Waren erreichen den Kunden über den Direktversand, man kann sie auch per Internet bestellen. Grüner Biotee wird im Teegarten Seeyok in Darjeeling produziert, auch der Hochland-Teegarten Anxi in Süd-China (Staatsgut von Fujian) stellt Grüntee nach ökologischen Prinzipien her.
- Der *„Teeblätter-Versand“* bietet acht Grüntees aus biologischem Anbau an, zu bestellen per Katalog und per Internet.
- Die *„Oasis-Teehandel GmbH“* wurde 1986 gegründet, im heutigen Sortiment stammen rund 60 Prozent der Tees aus kontrolliert biologischem Anbau. Die Bio-Grüntees kommen aus China und Japan und werden in Deutschland ausschließlich über den Naturkosthandel verkauft.
- Die *„Cha Dô Teehandelsgesellschaft mbH“* liefert Bio-Grüntees vor allem an den deutschen Biogroßhandel.

großen Blätter wiegen 1,2 Gramm, die der China-Pflanze jedoch nur 0,3 Gramm. So ist die Ausbeute der indischen Pflückerinnen wesentlich größer als die der Frauen in China.

Günstiges Klima – sonnige Tage und Regen in der Nacht

Teebüsche gedeihen besonders gut in subtropischem Klima: Auf der japanischen Insel Honshû baut man Tee bis zum 42. Breitengrad an, in China liegen die nördlichsten Teegärten auf der Höhe von Shanghai nahe des 33. Breitengrads, die Teeanbaugebiete in Sri Lanka erstrecken sich bis zum 6. Breitengrad. Die Entfernung von Nord nach Süd können Sie sich mit der Distanz zwischen Rom und der Elfenbeinküste verdeutlichen.
Teebüsche wachsen auch auf der Südhalbkugel bis zum 30. Breitengrad in Südafrika, aber deren Blätter werden bisher nicht zu grünem, sondern nur zu schwarzem Tee verarbeitet.
Im Gegensatz zur Assam-Pflanze verträgt die China-Pflanze große Temperaturschwankungen: Sie übersteht gelegentliche Fröste bis zu –10° Celsius, gedeiht aber auch bei länger andauernder Hitze bis zu 35° Celsius. Am günstigsten ist jedoch eine mittlere Temperatur von 20° Celsius, mindestens vier Stunden Sonnenschein täglich sind optimal.

Bis zu sechs Meter lange Pfahlwurzeln

Die zu Sträuchern zurückgeschnittenen Teebäume entwickeln ein verzweigtes System aus bis zu sechs Meter langen Pfahlwurzeln, denn sie müssen soviel Wasser wie möglich aus dem Boden aufnehmen, um die abgepflückten Blätter schnell durch neue Triebe ersetzen zu können. In den Anbaugebieten sollte es häufig – am besten nachts – regnen, mindestens 1600 Liter pro Jahr sind optimal. Solche Regenmengen kommen zum Beispiel auch in den Alpen zusammen – dort würden die Teebüsche aber nicht gedeihen, weil es viel zu kalt ist.
Regen in der Nacht und viel Sonne am Tag genügen den Teepflanzen aber nicht: Sie können keine Staunässe vertragen und bevorzugen deshalb einen gut durchlüfteten, nährstoffreichen und sauren Boden. So kommt es auch, daß viele Teeplantagen an Berghängen liegen, da der Regen dort gut abfließen kann und der Boden schnell wieder entwässert wird.

Mit Tüchern oder Matten abgedeckt

In ihrer natürlichen Umgebung wachsen Teepflanzen im Schatten größerer Bäume. In China dienen häufig Föhren, in Japan Maulbeerbäume als Schattenbäume: Sie schützen die Teeblätter gegen direkte Sonnenbestrahlung, Wind und Hagel, nachts verhindern sie, daß sich die Luft allzu stark abkühlt. Ihre Wurzeln wirken der Erosion entgegen, und in den Trockenzeiten hält ihr heruntergefallenes Laub die Feuchtigkeit im Boden.

In Japan baut man auf etwa fünf Prozent der gesamten Teeanbaufläche grüne „Schattentees" an – die Sträucher sind das ganze Jahr vor direkter Sonnenbestrahlung geschützt. Zudem gibt es einen Trick, um die Qualität des Grüntees zu steigern: Einige Wochen vor der Ernte bedecken die japanischen Plantagenarbeiter die Teebüsche mit Tüchern oder Matten, denn im Dunkeln entwickeln die Blätter mehr Chlorophyll und weniger Gerbstoffe – das ergibt eine dunkelgrüne Farbe und einen Tee, der kaum bitter schmeckt. Von Spitzensorten wie dem japanischen Gyokuro behaupten Kenner sogar, daß man den Schattentee gar nicht mehr aufgießen müsse. Es genüge, nur an der Teedose zu schnuppern, um das „grüne" Aroma voll zu genießen.

Teebaumöl aus Australien

Das Wort hört sich ähnlich an, es bezeichnet jedoch etwas ganz anderes: Der Teebaum, aus dem das Teebaumöl gewonnen wird, gehört nicht zu den Kamelien, sondern zur Familie der Myrtengewächse. Er wächst im feuchtwarmen Klima Australiens an der Nordküste von New South Wales und im südlichen Queensland. Nur eine der mehr als 300 verschiedenen Arten eignet sich dafür, das wertvolle Teebaumöl zu gewinnen: Es ist in den reifen Blättern der Art „Melaleuca alternifolia" enthalten. Auf die Heilwirkung des Öls machte erstmals der englische Botaniker Sir Joseph Banks aufmerksam. Er war 1770 mit dem Seefahrer James Cook nach Australien gekommen und erlebte, wie die australischen Ureinwohner (Aborigines) kochendes Wasser über die Blätter gossen und die Lösungen auf Umschläge träufelten, die Entzündungen lindern sollten. Wissenschaftlich erforscht wurde das Teebaumöl erst, nachdem man es 1925 im Wasserdampfverfahren isolieren konnte.

Über den Stand der Dinge – grüner Tee und Gentechnik

Wenn Sie eine Packung Grüntee finden, auf der der Zusatz „cl." steht, können Sie sie ohne weiteres kaufen. Das Kürzel steht zwar dafür, daß der Teebusch geklont wurde – aber das hat mit gentechnisch manipuliertem Tee nichts zu tun.

„Klonen" nennt man das Verfahren, Teebüsche zu vermehren: Dafür wird der kräftigste Trieb der Mutterpflanze abgetrennt und in zwei bis vier Zentimeter lange Abschnitte geteilt. Wenn die Stecklinge etwa 40 bis 50 Zentimeter in die Höhe gewachsen sind, pflanzt man sie in der Plantage aus. So kann man Tausende von Jungpflanzen mit identischen Merkmalen züchten – wohl wissend, daß sie sich ebenso gut an die Umweltbedingungen anpassen wie die Mutterpflanze.

Techniken noch nicht ausgereift

Es ist wohl nur eine Frage der Zeit, bis sich die Wissenschaftler auch an die gentechnische Manipulation der Teebüsche heranwagen. Das „Tea Research Institute of Sri Lanka" bestätigt jedoch im April 1998 auf Anfrage, daß in Sri Lanka keine transgenen Teepflanzen angepflanzt würden, auch weil das Institut für solche Forschungen gar nicht ausgestattet sei.

Dr. T. C. Chaudhuri vom „Tea Board" in Calcutta/Indien schreibt im selben Monat: „Es wird einige Zeit bis zu einem nützlichen Gentransfer oder zur Schaffung künstlicher Genmutanten im Tee brauchen, die Techniken dafür sind bislang noch nicht ausgereift."

Der indische Experte Ashok K. Prakash deutet jedoch an, daß japanische Gentechniker bereits am Tee forschen: „Bislang wurde nichts Erfolgreiches bei der Veränderung durch Genmutation erreicht, wenn auch in Japan konzentrierte Anstrengungen gemacht wurden."

Was genau in den Laboratorien ausgetüftelt wird, ist noch nicht bekannt. Wer ein wenig spekuliert, kommt schnell darauf, daß es für große Teeplantagen interessant sein dürfte, in Zukunft nur herbizidresistente Pflanzen anzubauen. Dafür müßte ein spezielles Gen in das Erbgut eingeschleust werden, das die Unkrautbekämpfungsmittel abfängt und in andere Substanzen umwandelt.

Koffeinfrei gezüchtet

Die Tee-Forscher könnten sich in Zukunft auch etwas abschauen von dem, was den Wissenschaftlern der Universität von Hawaii mittlerweile gelungen ist: Sie züchteten transgene Kaffeebohnen, die nur drei Prozent der sonst üblichen Koffeinmenge enthalten. Wie der „New Scientist" 1998 meldet, legten die Kaffeeforscher einen Abschnitt der Erbsubstanz still. Er enthält den Bauplan für den wichtigsten Eiweißstoff, der das Koffein bildet. Die „koffeinfreien" Kaffeebohnen sollen nach eineinhalb Jahren erstmals geerntet werden, so das Magazin. Es bleibt also abzuwarten, ob sich in Zukunft auch koffeinfreier Tee züchten läßt.

➠ *Wußten Sie,* daß transgene Nahrungsmittel seit 1996 auf dem europäischen Markt sind? Vorreiter war eine spezielle Sorte von Sojabohnen. Mitte 1997 stimmte das Europäische Parlament einer Vorlage der EU-Kommission zu, die die Zulassung transgener Lebensmittel regelt. Demnach müssen sie gekennzeichnet werden – in Deutschland sind mittlerweile Sojazusatz, Kartoffeln, Mais und Tomaten im Angebot. In Nordamerika gibt es zudem Zuckerrüben und Raps zu kaufen, die genmanipuliert sind.

Informieren Sie sich

Fragen Sie Ihren Teehändler immer wieder einmal, ob er etwas über gentechnisch veränderten Tee weiß, und lesen Sie vor dem Kauf die Packungsaufschriften – damit Sie im Fall des Falles zumindest informiert sind. Die Umweltinitiative „Greenpeace" bietet im Internet einen Verbraucherservice an: Im „Einkaufs-Netz" können Sie sich über den aktuellen Stand der Gentechnik informieren und sich mit anderen Kunden Informationen austauschen.

VOM TEEGARTEN BIS IN DEN LADEN

Sie können zwischen grünen Tees aus China, Formosa, Japan, Indien und Sri Lanka wählen. Doch wie werden die Blätter geerntet und verarbeitet? Welche Unterschiede gibt es zu schwarzem Tee? Wie lange dauert es, bis die Teekisten nach Europa kommen? Das folgende Kapitel beantwortet diese Fragen.

Mühselige Arbeit – das Pflücken

Der chinesische Tee-Kaiser Hui-Tsung empfahl im Jahre 1107, mit der Tee-Ernte lange vor Tagesanbruch zu beginnen: „Das Pflücken erfolgt mit den Fingernägeln, nicht mit den Fingern selbst, damit Frische und Geschmack nicht verdorben werden ... Blätter von weißlicher Farbe in Form von Spatzenzungen oder Getreidekörnern sind die besten. Ein Blatt pro Stengel ist ideal; zwei pro Stengel sind das Zweitbeste; sind es mehr, wird das Produkt von minderer Qualität sein."
Die Regel „two leaves and the bud" (die zwei jüngsten Blätter und die Knospe) gilt auch heute noch für gute Sorten, denn mit jedem weiteren Blatt nehmen die Inhaltsstoffe des Tees ab (siehe S. 72 ff.). Das Motto lautet also: Je kleiner das Blatt, desto feiner und aromatischer der Tee.

Ganze Blätter bürgen für Qualität

Junge Teebüsche werden nach drei Jahren hüfthoch zurückgeschnitten, ein Jahr später kann man die Blätter erstmals ernten. Alle vier bis fünf Jahre ist es notwendig, die Sträucher radikal zu stutzen, um ein Verholzen des Strauches zu verhindern. In der Fachsprache wird dies „prooning" genannt.

➠ *Wußten Sie,* daß Teebüsche bis zu 90 Jahre alt werden können? Die Qualität der Blätter bleibt bis ins hohe Alter der Pflanzen gleich, in Indien erntet man sogar bis zu 100 Jahre alte Pflanzen.

Vier bis zwölf Kilogramm pro Tag

Im Frühjahr beginnen die Pflückerinnen mit der Ernte – man spricht dann vom sogenannten „first flush“. An welchem Tag genau die Frauen anfangen, hängt vom Klima der Region und den jeweiligen Witterungsbedingungen ab.
Um mit beiden Händen zugleich arbeiten zu können, tragen die Pflückerinnen einen Korb auf dem Rücken, viele halten ihn mit einem über den Kopf gelegten Band. Pro Tag bringen die Frauen vier bis zwölf Kilogramm Teeblätter in die Fabrik.
Die Frauen müssen das Blattgut in jedem Fall sorgfältig begutachten, denn die einzelnen Sprosse eines Teebuschs wachsen unterschiedlich schnell. Um ein besseres Gefühl für das gleichmäßige Pflücken zu bekommen, legen sie häufig einen langen, dünnen Stock vor sich auf die Büsche – so erkennen sie die obersten Triebe besser. Wichtig ist auch, daß die Blätter beim Zupfen ganz bleiben und der Zellsaft nicht versehentlich oxidiert.

Häufige Ernte ist möglich

Nach dem Pflücken wachsen die Teeblätter wieder nach. Auf dem chinesischen Festland erntet man die Blätter zwischen April und Oktober, in den anderen Monaten ruhen die Büsche – in der Saison wird wöchentlich bis 10tägig gepflückt. In Japan erfolgt die dritte Saison im August, diese Herbsternte bringt aber eine mindere Qualität hervor und fällt deshalb in manchen Jahren aus. Auf der chinesischen Insel Hainan und auf Sri Lanka kann man den Tee das ganze Jahr über pflücken.
Um zu beurteilen, wie hoch der Ertrag pro Hektar ist, muß man folgendes wissen:

- Wie dicht sind die Büsche gepflanzt?
- Wie oft werden die Blätter pro Jahr gepflückt?
- Werden nur die Blattknospen und die beiden jüngsten Blätter oder auch noch ältere Blätter geerntet?

Im allgemeinen gilt: Die Stämme stehen einen bis anderthalb Meter entfernt voneinander, zwischen den Reihen bleibt 1,20 bis 1,50 Meter Abstand. Pro Hektar rechnet man mit 8000 bis 18.000 Pflanzen – je nachdem, ob es sich um traditionsreiche Teegärten oder um moderne Plantagen handelt.

Das Pflücken der Teeblätter – meist von Frauen besorgt – ist eine Arbeit, die viel Fingerspitzengefühl erfordert.

In Japan werden Erntemaschinen eingesetzt

Um die Kosten für das Pflücken zu senken, setzt man vor allem auf den japanischen Inseln Hondo und Kiûshû Erntemaschinen ein. Es gibt einfache, mit der Hand zu haltende Geräte, aber auch Motorfahrzeuge, die bis zu drei Personen bedienen. Damit die Pflückmaschinen zwischen den Teebüschen hin- und herfahren können, kommen nur Plantagen in Frage, auf denen die Teebüsche weit genug auseinander stehen.

Spitzenqualitäten können jedoch niemals von Erntemaschinen gepflückt werden. Denn sie schneiden alle Blätter und Stengel wahllos in der eingestellten Höhe ab, manchmal werden auch Unkräuter erfaßt. Das nachträgliche Aussortieren per Hand erspart man sich meist, denn das würde zuviel kosten.

Verarbeitung des Tees

	Weißer Tee	Grüner Tee Chinesische Methode	Grüner Tee Japanische Methode	Oolongtee	Schwarzer Tee
	Welken	Welken	Welken	Welken	Welken
		Erhitzen bzw. Rösten	Dämpfen		
			Trocknen		
		Rollen	Rollen	Rollen	Rollen
				Fermentieren 10–20 Min.	Fermentieren 2–3 Std.
			u. U. Trocknen/ Polieren		
	Trocknen (Sonne)	Trocknen	Trocknen	Trocknen	Trocknen
		Sortieren	Sortieren	Sortieren	Sortieren
		Sieben	Sieben	Sieben	Sieben
Dauer	**12–18 Std.**	**8–14 Std.**	**8–14 Std.**	**ca. 8 Std.**	**10–12 Std.**

Die Verarbeitung auf der Plantage

Im Teeblatt sind Enzyme enthalten, die den Zellsaft oxidieren lassen, beim Welken und Rollen tritt dieser aus. Um grünen Tee herzustellen, müssen diese Eiweißverbindungen deshalb so bald wie möglich nach der Ernte zerstört werden.

Es gibt zwei Methoden, um die Fermentation zu verhindern:

- Chinesische Methode: Die Blätter werden in Pfannen erhitzt bzw. geröstet, der Aufguß hat eine gelborange Tönung.
- Japanische Methode: Heißer Dampf strömt über die Blätter, in der Tasse sieht der Tee gelblich bis grünlich aus.

Die chinesische Methode

Jahrhundertelang lag die Teeproduktion Chinas in den Händen von Kleinbauern und einzelnen Familien, erst seit 1949 gibt es staatliche Fabriken. Der grüne Tee wird meist in großen Pfannen oder Trommeln erhitzt, einige Sorten werden auch gedämpft bzw. geröstet.

Welken: Nach der Ernte werden die Teeblätter zum Welken auf großen Sieben ausgebreitet. Ventilatoren blasen von unten her Luft durch die Blätter, sehr gute Sorten welken in der Sonne. Nach vier bis zwölf Stunden haben die Teeblätter 30 Prozent ihrer Feuchtigkeit verloren.

Erhitzen bzw. Rösten: Die Blätter kommen für zehn Minuten in eine auf 280° C erhitzte gußeiserne Pfanne. Arbeiter drücken die Blätter an die heiße Fläche und wenden sie, bis sie heiß genug sind. Man verwendet auch heiße Trommeln, die automatisch arbeiten. Bei diesem Prozeß werden die für die Oxidation zuständigen Enzyme umgewandelt. Die Blätter behalten ihre grüne Farbe, sind aber trockener als zuvor.

Rollen: Die Teeblätter werden in einer Maschine gerollt – dafür legt man sie zwischen zwei Messingplatten, die sich etwa 15 Minuten gegeneinander bewegen. Für den Gunpowder-Tee werden die Blätter zu kleinen Kügelchen gerollt.

Trocknen: Die Blätter werden in sich drehende Pfannen gegeben, die auf etwa 170° C erhitzt sind.

Die japanische Methode

In den modernen Fabriken, die in Japan grünen Tee verarbeiten, ist die Produktion vollkommen automatisiert. Dort sind nur zwei oder drei Personen notwendig, um alle Maschinen zu bedienen. Einer wiegt und begutachtet die angelieferte Ernte, der zweite überwacht vom

Kontrollraum aus die Maschinen, und der dritte transportiert die fertigen Tees in den Kühlraum, wo sie bis zum Verkauf lagern.

Welken: Nach vier bis zwölf Stunden verlieren die Blätter ein Drittel ihrer Feuchtigkeit.

Dämpfen: Die Blätter werden oben in eine leicht geneigte, zylindrische Trommel gegeben. Während der Rotation strömt heißer Dampf über die Blätter, nach zwei Minuten fallen sie am unteren Ende wieder aus der Maschine. Zuviel Dampf würde den grünen Tee verderben, bei zuwenig Dampf beginnt die unerwünschte Fermentation – und dann wäre es kein Grüntee mehr.

Trocknen: Die Blätter kommen 30 Minuten lang in eine sich drehende hölzerne Trommel, die die Luft im Innern auf etwa 55° C erwärmt. So verlieren die Blätter etwa die Hälfte ihrer Feuchtigkeit. Gabelartige Flügel drehen sich entgegen der Trommelrichtung und wirbeln die Blätter durcheinander, damit sie nicht miteinander verklumpen.

Rollen: In Rollmaschinen werden die Blätter etwa fünf Minuten unter starkem Druck, drei Minuten unter leichtem Druck und zwei Minuten ohne Druck gerollt.

Trocknen: 30 Minuten lang strömt heiße Luft über die Blätter, damit sie weiter trocknen.

Polieren: Damit die Blätter flach und weich werden und seidig glänzen, kommen sie in eine Poliermaschine. Sie drückt die Blätter gegen eine etwa 90° C heiße Platte, daran reiben sie sich glatt. Dieser Schritt kann auch übersprungen werden.

Trocknen: Die Blätter trocknen nochmals 20 bis 25 Minuten bei 60° C.

➠ *Wußten Sie,* daß es je nach Methode zwischen acht und 14 Stunden dauert, bis der Grüntee fertig ist? Zum Schluß hat der grüne Tee drei bis vier Prozent Restfeuchtigkeit.

Weißer Tee – kostbare Blattknospen

Nur auf der Goldwaage aufzuwiegen ist der Tee, der weder Blätter noch Stengel, sondern nur die ungeöffneten Blattknospen enthält. Die Farbe dieses sogenannten „weißen Tees“ kommt von dem weißen, seidenartigen Flaum, mit dem die Blattknospen bedeckt sind. Unter dem Vergrößerungsglas können Sie die zarten Härchen gut erkennen.
Silver Needle oder Silver Tip Pekoe heißen die edelsten aller Weißtee-Sorten, die vor allem aus der chinesischen Provinz Fujian importiert werden: Ein Gramm enthält mindestens 25 bis 30 Blattknospen. So erklärt sich auch der stolze Preis von bis zu 250 Mark pro 100 Gramm.

Special: Fairer Handel mit Tee

„Der Absatz von Grüntee aus fairem Handel hat 1996/97 im Vergleich zum Vorjahr um nahezu 50 Prozent zugenommen. Von knapp sechs Tonnen im letzten Jahr stieg der Absatz auf 9,5 Tonnen. Für das Jahr 1997/98 wird mit einer weiteren Zunahme um 30 Prozent gerechnet", meldete die größte europäische Fair-Handelsorganisation „gepa" (Gesellschaft zur Förderung der Partnerschaft mit der Dritten Welt) im Februar 1997.
Der faire Handel mit der Dritten Welt boomt also. Doch was heißt „fair"? Die Idee war in den bewegten 70er Jahren aufgekommen: „Fairer Lohn für harte Arbeit" – so lautete das Motto der Organisationen und Firmen, die sich dafür einsetzten, den Handelspartnern in der Dritten Welt ein menschenwürdiges Leben zu ermöglichen.
Grüntee aus fairem Handel bietet die „gepa" in deutschen Dritte Welt-Läden, Supermärkten, Firmenkantinen und Restaurants an. Die österreichische Partnerfirma heißt „EZA Dritte Welt", in der Schweiz verfolgt die claro AG (früher „OS 3") dieselben Ziele.
Übrigens: Es gibt auch Kaffee, Kakao, Wein, Bananen, Honig, Kräuter und Gewürze aus fairem Handel zu kaufen.

Mindeststandards einhalten

Der 1993 in Köln gegründete Verein „TransFair" handelt nicht selbst mit Produkten, sondern vergibt als unabhängige Institution Lizenzen an Importeure, weiterverarbeitende Betriebe und Händler. Um den fairen Handel zu unterstützen, haben sich mittlerweile 36 Organisationen angeschlossen, die sich in den Bereichen Entwicklungspolitik, Kirche, Sozialarbeit, Verbraucherschutz, Bildung und Umwelt engagieren. Inzwischen haben Grüntees von zwei indischen Plantagen und rund 50 Schwarztee-Sorten das Gütesiegel erhalten.
Das Handelshaus „gepa" und „TransFair" arbeiten eng zusammen und verfolgen ähnliche Prinzipien – so kommt es auch, daß die „gepa" etwa 55 Prozent aller TransFair-Tees vertreibt.

Verträge mit speziellen Kriterien

- Die Händler kaufen den Tee direkt auf der Plantage ein, um den Zwischenhandel weitgehend auszuschalten. Der Preis muß in jedem Fall die Produktionskosten decken und kann je nach Anbauregion, Qualität und Saison schwanken.
- Über den Marktpreis hinaus zahlen die Importeure und Händler einen Aufpreis von 2 DM pro Kilo Tee. Diese zusätzlichen Einnahmen kommen in einen Fonds für Sozialmaßnahmen. Ein Komitee aus den Vertretern der Belegschaft und des Managements entscheidet, wofür das Geld ausgegeben werden soll: für elektrische Anschlüsse oder Biogas-Anlagen in den Häusern der Pflückerinnen und der Arbeiter, für Toiletten, ein Gemeinschaftshaus oder eine Bibliothek, für Milchkühe, Schafe oder Ziegen, für Spielzeug, eine Schule, die Lehrkräfte oder Unterrichtsmaterial.
- Der Faire Handel fördert den ökologischen Teeanbau, da die Menschen auf solchen Plantagen gesünder leben und außerhalb der Pflücksaison mehr Arbeitsplätze entstehen. Mehr als die Hälfte der Tees mit TransFair-Siegel sind biologisch-organisch angebaut.
- Damit sich die Arbeiter zusätzlich etwas verdienen können, wird der Tee – wenn möglich – schon im Ursprungsland abgepackt.

Welche Grüntees werden fair gehandelt?

Indien: Bio-Grüntee von der Samabeong- und der Ambootia-Plantage in Darjeeling (gepa/TransFair)

Indien: Grüntee von der Plantage Seeyok in Darjeeling (Fairkauf von nur natur)

➠ *Wußten Sie,* daß Sie nur zwei bis vier Pfennige mehr pro Tasse Grüntee zahlen müssen, um den fairen Handel zu unterstützen?

Andere Sorten heißen Weißer Chingwo, Fuding Tee, Pai Mu Tan (Weiße Pfingstrose), Kungmei, Shoumei und Song Yang Ying Hao – sie enthalten zusätzlich zu den Blattknospen auch ein bis zwei kleine Blättchen.

Der weiße Tee wird nur einmal im Jahr – und zwar im Frühjahr – geerntet. Für feinste Sorten beobachtet man die Pflanzen tagelang, um den besten Zeitpunkt für die Pflückung festzulegen. Am günstigsten sind zwei windstille, trockene Tage. Die Blattspitzen sind so empfindlich, daß die Pflückerinnen sie nur sehr vorsichtig anfassen dürfen. Früher war diese Arbeit deshalb den chinesischen Jungfrauen vorbehalten, sie mußten sogar Handschuhe tragen.

Für den weißen Tee gelten in China auch heute noch die „Zehn Regeln, wie nicht gepflückt werden soll“: Demnach pflücken die Frauen den weißen Tee nicht bei Regen und auch nicht dann, wenn der Tau noch nicht verdunstet ist. Sie ernten keine kranken oder von Insekten beschädigten Blätter, weder schwache, purpurrote oder vollaufgeblühte Knospen noch zusammengefallene, vom Wind beschädigte oder zerdrückte Knospen. Qualität ist eben Qualität.

In der Sonne schonend getrocknet

Der weiße Tee entsteht in zwei Stufen: Zum Welken breitet man die Knospen vorsichtig auf flachen Sieben aus, 48 Stunden lang trocknen sie bei schwacher Sonne draußen oder bei guter Belüftung im Haus. Wenn die Blättchen 70 bis 80 Prozent ihres Feuchtigkeitsgehalts verloren haben, kommen sie in die pralle Sonne oder werden zehn Minuten lang geröstet, bis sie vollkommen trocken sind.

Weißer Tee ist in der Tasse kristallklar, er wirkt fast unscheinbar und hat eine helle, orangegelbe Farbe. Er riecht frisch und schmeckt zartsüßlich, vor allem fehlt ihm jede bittere Nuance.

Die alten Chinesen sprachen dem weißen Tee ein Optimum an Heilkräften zu: Er habe eine Kühle, die den Durst lösche und die innere Hitze vertreibe, wirke gegen Entzündungen und schütze sogar vor Masern.

➠ *Wußten Sie,* daß es auch gelben Tee gibt? Das ist eine Variante des weißen Tees – sie entsteht, wenn die Blattknospen leicht gerollt werden. Der Zellsaft, der dann aus den Blattadern austritt, färbt die silberweißen Härchen gelblich.

Schwarztee: Wie werden die Blätter kupferrot?
Wenn die frischen Teeblätter geknickt oder zerkleinert werden, färben sich die Bruchstellen rötlich. Das kennen Sie auch vom Apfel: Wenn Sie ihn anschneiden oder hineinbeißen und ihn eine Weile an der Luft liegen lassen, wird das Fruchtfleisch dunkel. Diese Fermentation, die durch das Zusammenspiel von Enzymen und Luftsauerstoff entsteht, dauert zwischen 20 Minuten und zwei Stunden. Dabei werden etwa drei Viertel der Gerbstoffe zu Thearubigen und Theaflavin umgewandelt, der Tee sieht schließlich kupferrot aus und schmeckt weniger herb als grüner Tee.

➠ *Wußten Sie,* daß man für Grüntee mehr Blätter als für Schwarztee braucht? Ein Kilogramm Grüntee entsteht aus etwa fünf bis sechs Kilogramm frischen Blättern, für dieselbe Menge Schwarztee genügen rund vier Kilogramm.

Oolongtee – grüne Blätter mit roten Kanten
„Schwarzer Drache" bedeutet das chinesische Wort „Oulong", das dem Namen des Oolongtees zugrunde liegt. Heute werden diese Tees vor allem auf den Plantagen in den chinesischen Provinzen Fujian und Guangdong hergestellt. Der „Champagner unter den Tees" kommt von der Insel Taiwan (Formosa).

Für den Oolongtee wird die Fermentation, die beim Schwarztee etwa zwei bis drei Stunden dauert, bereits nach zehn bis 30 Minuten abgebrochen – der Begriff „halbfermentiert" ist daher nicht ganz so exakt. Die Kanten der Blätter färben sich beim Schütteln rötlich, die Mitte bleibt aber grün. Wenn die Blattadern durchsichtig werden und die Blätter einen Orchideenduft verströmen, beginnt man mit dem Rösten in einer Eisenpfanne.

Der fertige Oolongtee ist trockener als Grüntee, er enthält meist nur zwei Prozent Feuchtigkeit und kann deshalb ohne weiteres zwei oder drei Jahre aufbewahrt werden.

Einkauf, Transport und Lagerung

Grünen Tee beziehen europäische Händler meist direkt von den Plantagen: Sie prüfen verschiedene Ursprungsmuster, bestellen die Ware und lassen sie – manchmal über einen Makler (Broker) – nach Hamburg oder Bremen schiffen. Grundsätzlich eignen sich für

Grüntee keine Sammelcontainer, in denen Gewürze oder andere duftende Lebensmittel oder Gegenstände transportiert werden, da die Teeblätter schnell fremde Gerüche annehmen würden. Einige Händler transportieren die Teekisten sofort in ihre eigenen Lager weiter, andere rufen immer wieder kleinere Partien aus Norddeutschland ab.
Zwischen dem Export und der Ankunft im europäischen Hafen liegen etwa zwei Monate. Spitzensorten werden zum Teil auch mit dem Flugzeug nach Europa gebracht: Eingeflogener Grüntee ist besonders frisch, aber etwas teurer als die Sorten, die per Schiff nach Europa kommen.

Auktionen für Schwarztee

„Plantagentees" nennt man die Sorten, die der Händler direkt von der Teefabrik importiert. Die meisten Schwarztees kommen aber über viele Zwischenhändler zu uns: Vor Ort arbeiten verschiedene Makler, die die Qualität des Tees begutachten, die Mindestpreise ansetzen und Muster an die interessierten Firmen schicken. Diese beauftragen den Broker damit, gewisse Mengen Tee für sie zu ersteigern. Die Auktionen finden etwa sechs Wochen nach der Ernte zum Beispiel in Kalkutta (Indien), Colombo (Sri Lanka), Mombasa (Kenia) oder Jakarta (Indonesien) statt.
Schwarztee aus Indien und Sri Lanka boten die Importeure mehr als 100 Jahre lang auch auf der wöchentlich in London stattfindenden Tee-Auktion an. Doch dieses System ist mittlerweile überholt – 1998 wird das Haus endgültig geschlossen.

Teataster – ein spezieller Beruf

Um die Qualität bestimmen und den Einkaufspreis festlegen zu können, verlassen sich die Händler auf das Wissen und die Erfahrung von speziell ausgebildeten Teeverkostern: Vier Jahre lang lernen sie alles über den Tee. In London müssen sie täglich 800 bis 1000 Tees testen – hinsichtlich Geschmack, Farbe des Aufgusses sowie Beschaffenheit der trockenen und der mit heißem Wasser übergossenen Blätter. Zum Studium gehört es auch, die verschiedenen Verarbeitungsmethoden unterscheiden zu können.

Mit schwarzem Tee und Oolongs kennen sich alle Teataster bestens aus. Einige Teehändler bedauern aber, daß sie sich in Sachen Grüntee nicht auf jeden verlassen können: Sie erkundigen sich deshalb genau nach den Prüfkriterien und wissen selbst so viel über grünen Tee, daß sie am Ende auch ihrem eigenen Urteil trauen können.

☞ **Tip:** Wenn Sie Ihren Tee immer von demselben Händler beziehen, fragen Sie ihn doch mal danach, wie er die Qualität der verschiedenen Sorten beurteilt. Fragen Sie auch nach, ob er sich besser mit grünem oder mit schwarzem Tee auskennt.

SORTENKUNDE FÜR EINSTEIGER

Mit dem Tee ist es wie mit dem Wein: Es gibt einfache und gute, preiswerte und teure, altbekannte und neue Sorten – alle stehen nebeneinander im Regal, und es liegt an Ihnen, für welche Sie sich entscheiden. Wahre Teekenner beschäftigen sich jahrelang damit, die feinen Unterschiede zwischen den vielen Grüntees zu sehen, zu riechen und zu schmecken. Wenn auch Sie Lust haben, sich mit dem grünen Tee intensiver zu beschäftigen, sollten Sie sich ein wenig Zeit nehmen, um die wichtigsten Sorten zu probieren.
Beim Tee wie beim Wein kommt es nicht nur auf die Pflanzen an, sondern auch auf die Lage, das Klima und die Verarbeitung. Weinreben werden nur einmal im Jahr gepflückt, daher können Sie sich an den Vorzügen oder Nachteilen der verschiedenen Jahrgänge orientieren. Die Qualität des Tees hängt von der jeweiligen Saison ab, von denen es bis zu vier im Jahr gibt. Einige Pflückungen werden mit früheren gemischt, um eine gleichbleibende Qualität zu gewährleisten. Die guten Sorten stammen jedoch immer aus einer Ernteperiode, die im Frühjahr (First flush) hat im allgemeinen das beste Aroma.

☞ **Tip:** Kaufen Sie immer nur soviel Grüntee, wie Sie in sechs Monaten verbrauchen, da sein Aroma unter zu langer Lagerung leidet.

Grüntee spricht alle Sinne an

Im Gegensatz zum Wein ist der grüne Tee kein fertiges Getränk, seinen Geschmack können Sie selbst durch die Dosierung und die Ziehzeit beeinflussen. Sie sollten auch herausfinden, ob Sie lieber den ersten oder den zweiten Aufguß trinken. Um sich für eine Teesorte zu entscheiden, können Sie mehrere Kriterien ansetzen.

- Wurden die Teeblätter sorgfältig verarbeitet?
- Mögen Sie den Duft, den der Grüntee vor und nach dem Aufgießen mit heißem Wasser ausströmt?
- Wie gefällt Ihnen das Aroma des Tees?
- Schmeckt Ihnen der Tee beim ersten Aufguß ebenso gut wie beim zweiten?

Einen Grüntee beurteilen Sie mit all Ihren Sinnen: Die Farben der trockenen Teeblätter gehen von hell- bis dunkelgrün, der Aufguß kann hellgelb, grünlichgelb, gelborange oder grünlich sein, beim Matcha sogar leuchtend grün.

So erkennen Sie einen guten Grüntee

- Der Tee enthält nur ganze Blätter, bestehend aus ein bis zwei Trieben und einer Knospe.
- Alle Blätter sind etwa gleich groß.
- Auch nach dem Aufgießen bleibt die lockere, kraftvoll-frische Struktur der Blätter erhalten.
- Sie können die Blätter ein zweites Mal mit heißem Wasser aufgießen, auch dann strömt er ein angenehmes Aroma aus.

Aber nicht nur das Auge trinkt mit, auch Ihr Geruchssinn entscheidet darüber, ob Sie einen Tee mögen oder nicht. Unser Riechzentrum kann bis zu 4000 Duftnoten unterscheiden – manche Menschen reagieren schon auf 100 Geruchsmoleküle, andere nehmen eine flüchtige Substanz erst wahr, wenn mehr als 10.000 Moleküle mit der Atemluft in die Nase strömen. Grüner Tee riecht häufig nach frischem Gras, es gibt auch blumige und fruchtige Noten.

Beim Trinken nehmen Zunge, Gaumen und Rachen die Temperatur wahr. Die im Tee enthaltenen Polyphenole bewirken, daß sich Ihre Schleimhäute zusammenziehen, und die Duftstoffe steigen über den Rachen noch einmal in die Nase.

Geschmacksknospen über die ganze Zunge verteilt

Den eigentlichen Geschmack aber meldet die Zunge an das Gehirn, zuständig dafür sind die 200 bis 400 Geschmacksknospen, die vor allem auf der Spitze, den Rändern und der Wurzel der Zunge verteilt sind. Süß, salzig, sauer und bitter – das sind die vier Geschmacksrichtungen, die jeder Mensch wahrnehmen kann.

Tee hat 150 verschiedene Aromen, und zwischen den Substanzen gibt es unzählige Geschmackskombinationen, die das Teetrinken erst zum höchsten Genuß werden lassen. Grüner Tee kann blumig oder fruchtig schmecken, einige Sorten haben zarte oder weiche Noten, andere sind kräftig, oder sie erinnern an frisches Gras. Geröstete Teeblätter schmecken anders als gedämpfte. Und wenn dem Tee Substanzen wie gerösteter Reis (japanischer Genmaicha) oder natürliche Aromastoffe von Blüten oder Früchten beigemischt wurden, erweitert sich die Geschmackspalette noch weiter.

Beliebte Teesorten (siehe auch S. 58 ff.)
Um einen ersten Eindruck davon zu bekommen, wie verschieden grüne Tees schmecken, empfehlen Experten folgende Sorten:
1. Sencha: aromatischer Grüntee aus Japan, China oder Taiwan
2. Lung Ching (Drachenbrunnentee): feiner Grüntee aus China
3. Gunpowder: herber Kugeltee aus China oder Taiwan

Zum Vergleich bieten sich an:
4. Bancha: einfacher Grüntee aus Japan, China oder Taiwan
5. Pai Mu Tan: milder, weißer Tee aus China
6. Oolong: „halbfermentierter" Tee aus China oder Taiwan
7. Jasmintee: grüner Tee oder Oolong aus China oder Taiwan, mit Blüten oder natürlichem Aroma angereichert

Achten Sie auf Qualität

- Kaufen Sie einen guten Grüntee, und denken Sie beim Preisvergleich daran, daß Sie den Grüntee mehrmals aufgießen können.
- Abgepackter Grüntee sollte luftdicht verschlossen sein – so ist sicher, daß das Aroma nicht schon während des Transportes gelitten hat. Weniger als ein Prozent aller importierten Tees kommen per Luftfracht nach Europa. Solche Sorten werden Sie nur selten im Handel finden. Bei Ladungen, die per Schiff nach Hamburg oder Bremen kommen, vergehen manchmal fünf Monate, bis sie im Laden angeboten werden.
- Um Ihre Lieblingssorte zu finden, sollten Sie zunächst nur kleine Mengen kaufen. Bitten Sie im Fachgeschäft um eine Auswahl von einigen Tees à 50 Gramm – dann können Sie die Kostproben zu Hause besser vergleichen.
- Wenn Sie häufig grünen Tee trinken, sollten Sie mehrmals kleine Mengen kaufen. Die Alternative: Füllen Sie aus einer großen Packung nur soviel Tee ab, wie Sie in den nächsten Wochen verbrauchen können. Das Aroma würde leiden, wenn Sie das große Gefäß jeden Tag öffnen würden.

Grüner Tee in Zahlen
Weltweit werden jährlich 2,6 Millionen Tonnen Tee produziert, ein Fünftel davon ist grüner Tee (1996). Mehr als die Hälfte des angebauten Tees bleibt in den Herkunftsländern, exportiert werden nur 42 Prozent aller Sorten.

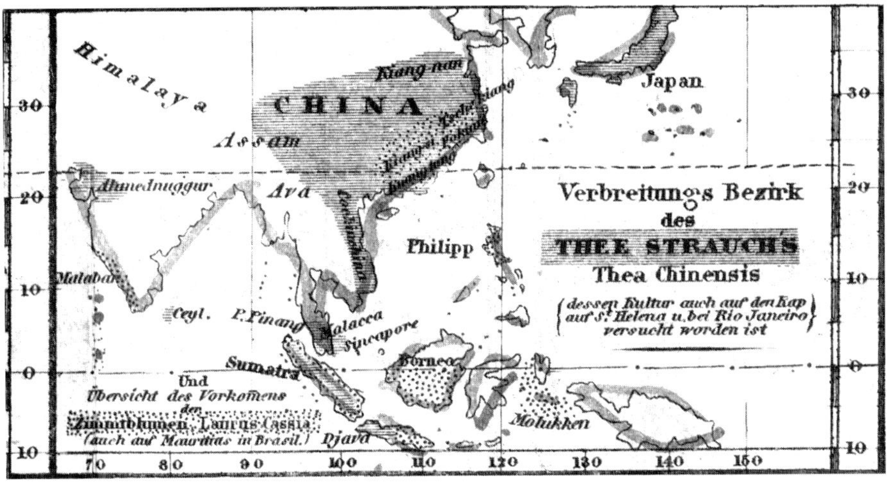

In diesen Gebieten Ostasiens wurde schon im neunzehnten Jahrhundert Tee angebaut.

China: Die chinesischen Teegärten produzieren rund 422.000 Tonnen Grüntee pro Jahr, mit 75 Prozent der Weltproduktion steht China an der Spitze. Alle Grüntee-Plantagen zusammen erstrecken sich auf insgesamt 12.000 Quadratkilometer, das ist etwa dreimal soviel wie die Fläche der Insel Mallorca. Von der gesamten Grüntee-Produktion gelangen 16 Prozent, also knapp 67.000 Tonnen, in den Welt-Teehandel.
Zum Vergleich: China produziert 176.000 Tonnen schwarzen Tee und Oolongs.
Japan: 88.700 Tonnen Grüntee werden in Japan überwiegend für den eigenen Bedarf angebaut. Da das nicht genügt, um alle Landsleute damit zu versorgen, werden weitere 15.000 Tonnen aus China, Vietnam und Indonesien importiert. Ausgeführt werden 461 Tonnen Grüntee, das sind weniger als 0,6 Prozent. Zum Vergleich: Japan produziert vier Tonnen schwarzen Tee.

Indien: In den Regionen Assam und Darjeeling werden erst seit Anfang der 90er Jahre grüne Tees hergestellt, 1995 waren es rund 8200 Tonnen – sie sind vor allem für den Export bestimmt.
Zum Vergleich: Von indischen Plantagen kommen rund 746.000 Tonnen Schwarztee.
Sri Lanka: Grüner Tee wird auf Sri Lanka erst seit kurzem hergestellt, 1995 waren es 1463 Tonnen. 800 Tonnen davon kamen als loser Grüntee in den Welthandel, aber auch die abgepackten Sorten und die Beuteltees werden ausgeführt. Zum Vergleich: Schwarztees machen 245.000 Tonnen des Anbaus in Sri Lanka aus.
Taiwan: Dem Deutschen Teebüro liegen keine Zahlen vor.

Spezialitäten aus China

Nur ein Siebtel der gesamten Fläche Chinas läßt sich landwirtschaftlich nutzen, doch die Volksrepublik ist das Land, das weltweit den meisten Grüntee – nämlich 422.000 Tonnen – herstellt. Teebüsche gedeihen in 17 der 22 chinesischen Provinzen, sie liegen im Süden und Südosten des Landes. Die Teegärten erstrecken sich zum großen Teil in den Hochlagen der Berge – dort steigt in der regenarmen Zeit häufig Nebel auf, und die hohe Luftfeuchtigkeit unterstützt das Wachstum der Büsche.
Provinz Yunnan: Diese Region in Südwest-China gilt als Ursprungsregion des grünen Tees, die Büsche mit den besonders breiten Blättern wachsen vor allem in den schattigen Regionen des 1800 bis 2000 Meter hohen Yunnan-Guizhou-Plateaus. Von dort kommen Grüntees wie Chun Mee, Mudan und Tuocha, viele Sorten haben ein malzig-herbes Aroma. Jahrhundertealte Traditionen haben auch die Teegärten in der Provinz Szechuan.
Provinz Zhejiang: Südlich von Shanghai wird die Hälfte des Export-Tees produziert. Bekannte Grüntees aus dem Bergland im Süden sind Lung Ching (Drachenbrunnen) aus Xihu und Gunpowder aus der Gegend um die Stadt Pingshui. Aus dem Westen der Provinz kommt die Sorte Hyson, die von wilden Teesträuchern stammt.
Provinz Fukien: Südlich von Zhejian an der Südküste Chinas liegt eine Teeregion, die grüne Tees und edle Sorten aus Blattknospen (nahe Fuding) herstellt. Auch der halbfermentierte Oolong hat dort eine lange Tradition.

Insel Hainan: Die Insel vor der Südküste hat sich zur größten Wirtschaftssonderzone Chinas entwickelt. Dort scheint die Sonne so häufig, daß man Kautschukbäume als Schattenspender anpflanzte. In dem subtropischen Klima gedeihen die Teebüsche so gut, daß man sie das ganze Jahr über ernten kann.

„Mit Juwelen besetzte Wolken"
An Gottheiten, Sagengestalten, Blumen, Flüsse und Berge erinnern die Worte häufig, mit denen die Chinesen ihre Teesorten bezeichnen. So bedeutet Pi Lo Chung „Jadespirale des Frühlings", Huo Cha Huang Ya ist eine leicht spiralig gedrehte „Zunge eines Vogels", Pao-Yün heißt „Mit Juwelen besetzte Wolke", Hsieh-Tou wird als „Schneeschlucht" übersetzt, und Mêng-Ting weist auf den „Verborgenen Berggipfel" hin, auf dem die Teebüsche gedeihen.

Lung Ching – der Drachenbrunnen-Tee

Eine Legende erzählt, daß etwa 250 n. Chr. ein Drachen in einer Quelle gelebt haben soll. Sie befand sich in den T'ieh-Mu-Bergen nahe Hangchow in der Provinz Zhejiang. Da der Boden schon lange ausgedörrt war und es nicht mehr genug Wasser für alle gab, flehte ein Taoist das Ungeheuer um Hilfe an. Bald darauf regnete es tatsächlich, und voller Dankbarkeit erklärten die Chinesen die Quelle zum „Drachenbrunnen" (Lung Ching, auch Long Jing). Fortan benannten sie auch den grünen Tee, der von den Büschen rund um den Drachenbrunnen stammte, mit diesem Namen. Die beste Sorte kommt vom „Löwengipfel" – die Blätter dafür werden gepflückt, sowie die Knospe das erste Blatt gebildet hat. Im 18. Jahrhundert erhielt der Drachenbrunnen-Tee die höheren Weihen, denn Kaiser Quianlong erklärte ihn zum „Tee des Kaisers".
Verarbeitung: Die Blätter werden flachgepreßt.
Aussehen der Blätter: Die ungebrochenen Blätter sind jadegrün.
Farbe und Geschmack des Aufgusses: Das heiße Wasser färbt gute Qualitäten erst leicht orange, dann jadegrün. Lung Ching hat ein mildes, blumiges Aroma ohne jede Spur von Bitterkeit.
Besonderheiten: Die Blätter des Lung Ching aus Taiwan sind etwas dunkelgrüner und länger als die der chinesischen Teebüsche. Die Sorte aus Formosa schmeckt kräftiger und würziger.

Gunpowder – Schießpulver

Da die Blätter dieses Tees wie Schrotkörner aussehen, erfanden die im 19. Jahrhundert in China stationierten englischen Soldaten einen neuen Namen für den Perlentee: Sie nannten ihn „Gunpowder". Denn wenn die gerollten Teeblätter mit heißem Wasser aufgegossen werden, beginnen sie zu knistern. Gunpowder ist einer der meistgetrunkenen Grüntees der Welt.

Verarbeitung: Die Blätter gibt man in sich drehende Trommeln. Manchmal werden sie nachbefeuchtet, damit sie nur langsam trocknen und sich dabei krümmen, bis sie die typische Kugelform haben. Gute Qualitäten haben ein ganz eng gerolltes Blatt, einfacherer Gunpowder wird etwas nachlässiger zu Kügelchen verarbeitet. Die besten Sorten heißen Temple of Heaven, Pin Head und Green Pearls.

Aussehen der Blätter: Der Tee besteht aus kleinen Blattkügelchen.

Farbe und Geschmack des Aufgusses: Gunpowder hat ein kräftig-herbes und frisches Aroma. Da er meist bitter schmeckt und sehr viel Koffein enthält, empfiehlt es sich, erst den zweiten Aufguß zu trinken.

Besonderheiten: Tai Mu Long Zhu (Silver Pearl Mountain) ist ein Kugelblatt-Tee, der nicht so herb wie der Gunpowder schmeckt, sondern frisch und mild. Gunpowder kommt auch aus Taiwan nach Europa.

Chun Mee – schöne Augenbrauen

Die Blätter dieses einfachen Grüntees erinnerten die alten Chinesen an kleine Augenbrauenhaare – und so entstand der von „Zhenmei" abgeleitete Name. In Europa ist der Chun Mee sehr populär.

Verarbeitung: Viele chinesische Provinzen produzieren Chun Mee, jeder Teegarten hat seine eigene Art entwickelt. Angeboten werden bis zu acht verschiedene Qualitätsstufen.

Aussehen der Blätter: Die kleinen Blätter sind halboffen und leicht gedreht.

Farbe und Geschmack des Aufgusses: In der Tasse ist Chun Mee gelblichgrün, er hat ein kräftiges, herbes Aroma und kann leicht bitter schmecken.

Besonderheiten: Chun Mee ist einer der preisgünstigsten chinesischen Grüntees, er wird auch in Taiwan hergestellt.

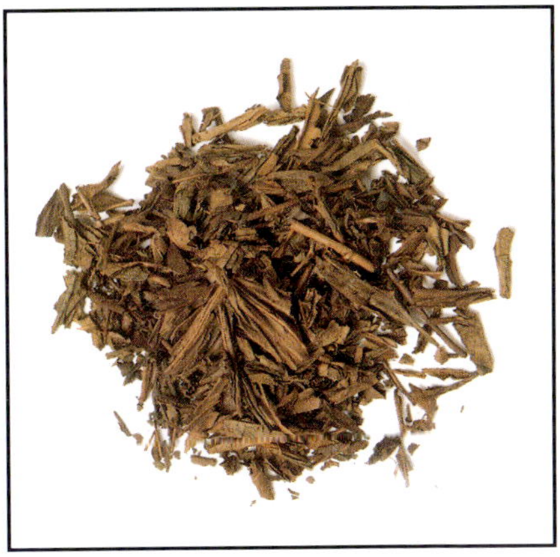

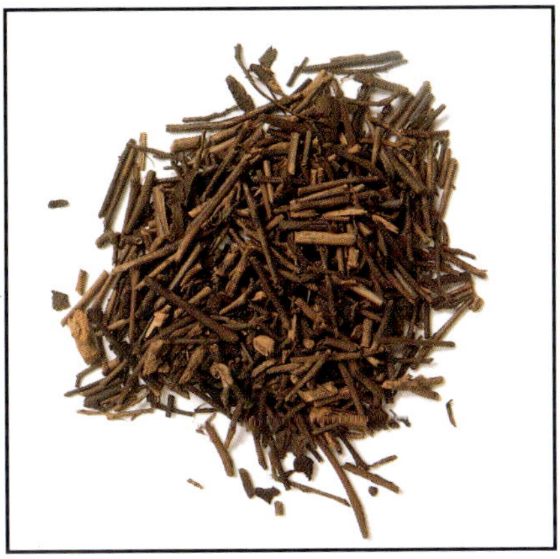

oben links: Gunpowder
oben rechts: Sencha-Teeblätter
Mitte links: geröstete Bancha-Teeblätter
Mitte rechts: Kokaicha-Zweigtee
unten rechts: Matcha-Pulver

Kleine Kunstwerke
Auf einigen chinesischen Plantagen binden Arbeiterinnen die Teeblätter in mühseliger Handarbeit zu Blütensträußen und Rosetten zusammen, in der Tasse wirken sie wie kleine Kunstwerke. Eine Rosette genügt für eine große Tasse Tee (0,25 Liter), man kann sie nach dem ersten Aufguß aus dem heißen Wasser ziehen und später noch einmal verwenden.
Snowflakes, Mudan, Winter Sweet, Silvery Strawberry: zu dekorativen Blütenformen gebundene grüne Teeblättern.
Ju Hua Cha (grüne Päonie): bis zu 120 Triebe, das sind etwa vier Gramm, zu einer „grünen Tee-Chrysantheme" gebunden – kann bis zu fünfmal aufgegossen werden.
Jin Shang Tian Hua Xiaoman: handgemachte Teerosetten mit zusätzlichem Zopf, der sich beim Aufgießen auflöst – zum Vorschein kommen zwei bis drei kleine, weiße Chrysanthemen
Tuocha: zu einem kleinen „Vogelnest" gepreßte Blätter.

Teesorten aus Japan

Dicht bei dicht stehen die in lange Reihen gepflanzten Teebüsche auf den japanischen Plantagen. So weit das Auge blickt – grüne, wohlgeformte Wellen aus Millionen von Teeblättern. Das Hauptanbaugebiet liegt in der Provinz Shizuoka am Fuße des Berges Fuji, 100 Kilometer südwestlich von Tokio. Dort wird die Hälfte des japanischen Tees produziert, insgesamt sind es jährlich 88.700 Tonnen Grüntee.
Die Teebüsche auf den Plantagen muten wie Zierrabatten an, denn die Blätter werden übers Jahr hinweg meist von Maschinen geerntet und in Form gehalten. Nur im Frühjahr stehen unzählige Pflückerinnen zwischen den Reihen und zupfen die jungen Triebe. Doch in einigen Regionen haben sich die alten Teeanbau-Traditionen gehalten: So stammt der kostbare Gyokuro aus den alten Teegärten der früheren Residenzstadt Kyôto. Kenner preisen vor allem den Tee aus der Berggegend rund um den Ort Uji, der einige Kilometer südlich von Kyôto liegt.
Klar und übersichtlich wirken nicht nur die großen Teeplantagen, auch die Anzahl der dort produzierten Grüntees läßt sich leicht erfassen: Zu den Klassikern gehören acht bis zehn Sorten, einige entstehen

dadurch, daß man die Teeblätter aus derselben Ernte unterschiedlich sortiert und verarbeitet. Und: Wer etwas Japanisch kann, der weiß schon anhand der Bezeichnung eines Grüntees, welche Teile des Teebuschs er enthält oder wie er hergestellt wurde. So heißt Sencha übersetzt „gedämpfter Tee", Bancha bedeutet „Großblatt-Tee" und Kukicha „Blattstengel-Tee".
Besonders kostbare Teesorten (vor allem Matcha) erhalten in ihrem Namen häufig den Zusatz „mukashi" – ein Hinweis darauf, daß der Tee nur an 21 Tagen im Frühjahr geerntet wird, so wie es früher üblich war.

Sencha – gedämpfter Tee

Die beliebteste Teesorte in Japan ist der Sencha, er macht 80 Prozent des dort produzierten Grüntees aus. Auch in Deutschland ist der „gedämpfte Tee", der 1738 erstmals hergestellt wurde, bei Einsteigern beliebt.
Verarbeitung: Die Blätter werden in der Regel maschinell gepflückt, nur seltene und teure Senchas pflücken die Japanerinnen von Hand. Die besten Qualitäten stammen aus der Frühlingsernte (First flush), die im Mai beginnt. Der Tee wird leicht gedämpft, mehrmals gerollt und dann getrocknet. Man unterscheidet die Qualitäten Superior, Medium und Low, für feine Sorten werden alle Bruchstücke und Stengel ausgesiebt.
Aussehen der Blätter: Guter Tee, wie der Schattentee aus Uji, entwickelt wenig Chlorophyll und hat eine frische grüne Farbe. Dunkle Blätter können auf zu hohe Temperaturen beim Trocknen deuten. Je frischer also das Blattgrün ist, desto besser ist im allgemeinen auch der Tee. Die langen, spitznadelförmigen Blättchen sind flach und duften angenehm nach frischem Gras.
Farbe und Geschmack des Aufgusses: Der grüngelbliche Tee schmeckt duftig, frisch und leicht. Ein Hauch von Süße rundet das Aroma ab. Teure First-flush-Senchas haben ein dezentes Mandelaroma.
Besonderheiten: Sencha-Tee gibt es auch aus China und Taiwan. Wenn die Blätter geröstet werden, erinnert der Geschmack eher an frisches Heu. Die Blattfarbe ist weitaus dunkler als bei japanischen Tees.

Bancha – Großblatt-Tee

Zum Essen trinken die Japaner am liebsten Bancha. Dieser großblättrige Tee hat von allen japanischen Sorten die niedrigste Qualität, sein günstiger Preis macht ihn zum klassischen Alltagstee. Die Blätter

stammen von jungen Teebüschen, sie werden nach dem First flush im Spätsommer gepflückt. Die Japaner schreiben dem Bancha viel positive Energie zu, tatsächlich enthalten die Blätter mehr Kalzium und Eisen als andere Grüntees.
Verarbeitung: Die großen Teeblätter werden meist maschinell geerntet und dann leicht gerollt.
Aussehen der Blätter: Die gerollten Blätter sind dicker und faseriger als die Sencha-Blätter, sie strömen ein frisches, belebendes Aroma aus.
Farbe und Geschmack des Aufgusses: Der hellgrüne Tee schmeckt mild-bitter bis frisch-herb. Da Bancha nur wenig Koffein enthält, kann man ihn auch noch vor dem Einschlafen trinken.
Besonderheiten: Auch in China und Taiwan werden Bancha-Tees produziert. Dort werden sie häufig auch aromatisiert, um ihre einfache Qualität aufzuwerten.

Hojicha – gerösteter Tee

Dieser Tee wird in Japan traditionell bei Trauerfeiern gereicht, weil er sehr viele Stengel enthält, die an Knochen erinnern. Hojicha ist ein Folgeprodukt des Bancha, denn dafür werden die Blätter und Stengel geröstet. Auch wenn es viele einfache Hojicha-Tees gibt, können Sie durchaus auch sehr gute und nicht ganz preiswerte Sorten kaufen.
Verarbeitung: Die Bancha-Teeblätter werden bei hohen Temperaturen geröstet.
Aussehen der Blätter: Die großen ungerollten Blätter sind strohtrocken.
Farbe und Geschmack des Aufgusses: Der golden-hellbraune Tee schmeckt erdig-nussig und erinnert an einen zarten Schwarztee.
Besonderheiten: Dieser Tee enthält durch das Rösten weniger Koffein als die anderen Sorten. Sie können ihn deshalb auch gut vor dem Schlafengehen trinken.

Gyokuro – wertvoller Tee aus Kyôto

Die Japaner servieren Gyokuro gern, um ihre Gäste besonders zu ehren. Von den Spitzensorten „Perlentau“ oder „Edle Tautropfen“ aus Kyôto kommen pro Jahr höchstens 800 Kilogramm auf den Markt – nur wer gute Beziehungen hat, kann den Gyokuro auch außerhalb des Landes beziehen. Viele Experten bezeichnen diesen Schattentee als den besten japanischen Grüntee, sein Wert spiegelt sich auch in seinem hohen Preis wider.

Verarbeitung: Die Teesträucher wachsen im Schatten von Laubbäumen und werden zwei bis drei Wochen vor der Ernte mit Schilf- oder Bambusmatten bedeckt. Die Ernte findet nur einmal jährlich – und zwar im Mai – statt, die Blätter dämpft man kurz und trocknet sie dann.

Aussehen der Blätter: Die nadelförmigen, frischgrünen Gyokuro-Blätter sind etwas dicker als hochwertige Sencha-Blätter.

Farbe und Geschmack des Aufgusses: Der zart gelbgrüne Aufguß hat ein kräftiges, edles Aroma mit einem Hauch von Süße. Da die Blätter im Schatten weniger Gerbstoffe als andere Grüntees entwickeln, hat der Gyokuro-Tee nur eine ganz zarte bittere Nuance. Durch seinen hohen Koffeingehalt wirkt er stark anregend.

Besonderheiten: Preiswerter als der Gyokuro ist der Kabusecha-Tee, weil die Büsche dafür nur wenige Tage vor der Ernte mit Stoffen abgedeckt werden.

☞ **Tip:** Ein guter Gyokuro wird durch kochendes Wasser völlig verdorben. Das Wasser sollte aufgekocht und dann auf etwa 70° C abgekühlt werden, damit sich der freie Kalk absetzen kann. Nach zwei Minuten Ziehzeit entwickelt der Tee einen zart-milden Geschmack, er schmiegt sich rund und weich an den Gaumen. Die Blätter können Sie zwei- bis dreimal aufgießen, dafür erhöhen Sie die Ziehzeit ein wenig.

Kokaicha – zu Tannennadeln gepreßt

Aus der Sencha-Ernte werden die größeren Blätter und die feinen grünen Stengel für den minderwertigeren Kokaicha aussortiert und gemahlen.

Verarbeitung und Aussehen der Blätter: Kokaicha ist eigentlich ein Teepulver, das mit Wasser und Stärke zu einer Paste geknetet wird. Nach dem Pressen zu „Tannennadeln" läßt man sie trocknen, ihre Form erinnert auch an kurz geschnittene Spaghetti.

Farbe und Geschmack des Aufgusses: Der hellgelbe Tee schmeckt mild, frisch und aromatisch. Er enthält viel Koffein.

Besonderheiten: Kokaicha-Zweigtee enthält – wie der Name schon sagt – auch Zweige der Teesträucher, er schmeckt ähnlich wie Lakritze und wirkt sehr anregend.

Special: Aromatisierte grüne Tees

Schon die Chinesen der Sung-Dynastie (960–1280) kamen auf die Idee, Jasminblüten unter den grünen Tee zu mischen. Das Ölbaumgewächs gedeiht überall im südlichen China, seine weißen Blüten duften weithin und betören die Sinne.
Heute aromatisiert man nur feinste Grüntees und Oolongs mit echtem Jasmin, die Erntezeit dauert von Mitte Juni bis Mitte September: Die Blüten werden zwischen 4.30 Uhr morgens und Sonnenaufgang gepflückt, man gibt sie schichtweise zwischen die Teeblätter, die auf Gitterbahnen ausgebreitet sind. Da die Jasminblüten schon nach etwa 20 Stunden ihren Duft verlieren und auch die Wärme des folgenden Tages das Ergebnis beeinflußt, werden sie aus guten Sorten wieder herausgelesen. Man fügt wieder frische Blüten hinzu, dieser Vorgang kann sich bei Spitzenqualitäten bis zu sechsmal wiederholen.
Einfacher ist es jedoch, den Tee mit dem aus den Blüten gewonnenen Jasminöl zu besprühen. Noch preiswerter sind „naturidentische“ Aromen, die synthetisch gewonnen werden und chemisch wie natürliche Aromastoffe aufgebaut sind. Der Tee wird damit fünf bis zehn Minuten lang vermischt.

➠ *Wußten Sie,* daß in Deutschland und Österreich eine Verordnung regelt, welche Aromen dem Tee hinzugefügt werden dürfen? Künstliche Aromen, die keine natürlichen Vorbilder haben, sind nicht zulässig.

Matcha – für die Teezeremonie

Das feine, grüne Teepulver (Matcha) verwenden die Japaner bei der Teezeremonie. Sie geben es direkt in die Teeschale, gießen heißes Wasser darüber und schäumen es mit einem Bambusbesen auf (siehe S. 115).
Besonders wertvoller Matcha kommt von dem Teegarten Koyamaen, der in der Nähe der Stadt Uji liegt. Dort werden die Teebüsche nicht mit Maschinen zugeschnitten, denn alles auf der Plantage ist Handarbeit. Dünger und Chemikalien sind in dem Traditionsgarten seit jeher verpönt.

Exotische Duftnoten

Jasmintee ist zwar einer der berühmtesten Tees aus China, die wahren Teeliebhaber hat der weiche Duft aber niemals verlocken können: Sie sagen, der Grüntee habe sein ganz eigenes Aroma, das es zu wahren gelte, und vergleichen den Tee mit einer Rose, die man ja auch nicht parfümiere, damit sie besser riecht.
Wie dem auch sei: Findige europäische Teehändler aromatisieren die angelieferten grünen Tees meist selbst und bieten ihren Kunden zum Teil recht eigenwillige Duftnoten an. Das Sortiment reicht von Vanille, Zimt und Mandel über Orange, Mandarine, Zitrone und Quitte bis hin zu Himbeere und Johannisbeere. Zu den Aromen exotischer Früchte gehören Mango, Maracuja und Jack-Frucht. Als Blüten kommen solche von Rosen, Kirschbäumen und Osmantus-Sträuchern in Frage.
Wer einen eher rauchigen Geruch und Geschmack bevorzugt, kann sich auch an grünen, mit Bergamottöl aromatisierten Grüntee heranwagen – als Earl Grey (Schwarztee) kennt man ihn aus England.

Pro Tasse nur eine Teelöffelspitze

Nehmen Sie anfangs nur wenig aromatisierten Tee, damit das Getränk nicht allzu intensiv schmeckt. Probieren Sie es mit einer Teelöffelspitze pro Tasse, und lassen Sie die Blätter nicht länger als zwei Minuten ziehen. Sie können auch ein wenig aromatisierten Tee zu einer anderen Sorte hinzugeben – so erhält Ihr grüner Tee eine besondere Note.

Verarbeitung: Für einen guten Matcha werden die zarten Gyokuro-Blätter kurz gedämpft, an der Luft getrocknet und anschließend klimasicher verpackt und gelagert. Erst kurz vor der Auslieferung werden die Teeblätter sorgfältig von allen Stielanteilen und Blattrippen gereinigt, moderne Betriebe sortieren die Stengel mit Hilfe von Photozellen bis zu fünfmal aus. In Steinmühlen werden die Blätter langsam zu Pulver gemahlen, dabei darf sich der Tee nicht erwärmen. Das Matcha-Pulver wird in geschlossene Holzkisten gefüllt, die man in Klimakammern aufbewahrt – so baut der Tee einen Teil des Koffeins ab. Schließlich wird das Teepulver erneut getrocknet und auf Sieben gerüttelt. Nur das Beste vom Tee kommt noch einmal in eine Steinmühle, die das Pulver langsam ganz fein mahlt. Um das Aroma zu bewahren, wird Matcha sofort vakuumverpackt.

Aussehen des Pulvers: Der leuchtend grüne Matcha darf keinen Graustich haben, das wäre ein Zeichen dafür, daß der Tee älter als drei bis sechs Monate ist und bitter schmeckt. Guter Matcha ist mit einem Verfallsdatum (Jahr/Monat/Tag) gekennzeichnet.

Farbe und Geschmack des Aufgusses: Es gibt dünne und dicke Matcha-Tees, ihre Konsistenz hängt davon ab, wieviel Teepulver man pro Tasse nimmt. Durch das Schlagen mit dem Bambusbesen bildet sich ein leuchtend grüner Schaum. Matcha schmeckt ganz anders als andere Grüntees, das feinherbe Aroma erinnert an frisches Gras oder junge Erbsen.

Besonderheiten: Der verwendete Schattentee enthält viel Koffein. Wer Probleme mit dem Einschlafen hat, sollte deshalb nur wenig Matcha trinken. Aber auch sonst sollte man den geschlagenen Tee wie einen guten Wein in Maßen genießen – es wird von Anfängern erzählt, die drei Tassen Matcha hintereinander tranken und daraufhin tagelang nicht mehr schlafen konnten.

Genmaicha – Tee mit Vollkornreis

Diese japanische Spezialität erinnert eher an amerikanische Küchenexperimente als an althergebrachte Traditionen: Der Grüntee wird nämlich mit gerösteten Vollkorn-Reiskörnern vermischt. Die Bezeichnung „Popcorn“ wäre irreführend, denn gemeint ist nicht Mais, sondern Reis.

Verarbeitung: Bancha-Teeblätter bilden die Grundlage für den Genmaicha, der bis zur Hälfte gerösteten Vollkornreis enthalten kann.

Aussehen des Gemischs: Ein guter Genmaicha enthält Blätter wie Bancha oder preiswerter Sencha.

Farbe und Geschmack des Aufgusses: Die Farbe des Aufgusses ähnelt dem von Sencha und Bancha. Der Tee schmeckt zusätzlich leicht nussig nach geröstetem Reis, was den Aufguß milder als den des Bancha werden läßt.

Besonderheiten: Die Japaner trinken Genmaicha am liebsten am Nachmittag, die Reiskörner eignen sich anschließend auch zum Knabbern.

Grüntees aus Indien und Sri Lanka

1995 war Indien mit 746.000 Tonnen der größte Teeproduzent der Welt, die Anbaugebiete liegen vor allem im Gebiet von Assam und in den Bergen des Distrikts Darjeeling. Dort wird vor allem Schwarztee hergestellt – nur ein Prozent, das sind 8200 Tonnen, entfallen auf den grünen Tee. Diese Menge ist aber ausschließlich für den Export bestimmt. Der grüne Tee aus Indien ist mit dem aus China und Japan kaum zu vergleichen, denn die indischen Plantagen experimentieren erst seit Anfang der 90er Jahre mit grünem Tee. Die Verarbeitungsmethoden scheinen noch nicht ganz ausgereift zu sein, daher sagen Kenner, daß indischer Grüntee eher graugrün aussehe und auch nicht so richtig grün schmecke.

Grüner Assam und grüner Darjeeling

Die fruchtbare Provinz Assam liegt 600 Kilometer nordöstlich von Kalkutta, umrahmt von Bhutan, Tibet, China, Birma und Bangladesh. In Assam wird auf 2330 Quadratkilometern Tee angebaut, nicht mehr als ein Prozent davon – also 23 km^2 (Vergleich mit Norderney: 26 km^2) – entfallen auf die Produktion von Assam-Grüntee. Die Teebüsche wachsen im subtropischen Klima der Region schnell. Um Schädlinge und Schimmelpilze zu bekämpfen, werden regelmäßig Insektizide und Pestizide gesprüht. Verantwortungsvolle Importeure lassen indische Teeproben regelmäßig untersuchen – so können sie sicher sein, daß die Höchstwerte nicht überschritten werden.

„Platz des Donners" lautet die direkte Übersetzung des Wortes „Darjeeling". In dem Distrikt, der 500 Kilometer nördlich von Kalkutta im Grenzgebiet zwischen Nepal, Sikkim, Bhutan und Bangladesh liegt, gibt es 71 Teegärten. Die Büsche gedeihen an den Südhängen des Himalaya in bis zu 2000 Meter Höhe. Ihr Wachstum wird durch die Monsunwinde gefördert, die von Süden her an dem Gebirge aufsteigen und auch im Sommer ausreichend Niederschläge mit sich bringen.

Sri Lanka produziert für den Export

Die Briten hatten auf Ceylon eigentlich Kaffeeplantagen angelegt, doch 1876 zerstörte eine Blattkrankheit (Kaffeerost) die gesamte Ernte. Von da an pflanzten sie Teebüsche an, und das heutige Sri Lanka entwickelte sich mit 235.000 Tonnen zum größten Tee-Exporteur der Welt. Wie auch in Indien produzieren die Plantagen auf Sri Lanka vor allem

Schwarztee – 1995 wurden die Assamblätter zu 1463 Tonnen Grüntee verarbeitet, das sind 0,6 Prozent der insgesamt hergestellten Menge. Der Grüntee ist vor allem für den Export bestimmt.

Grüntee im Aufgußbeutel

„Für die kleine Tasse, die schnelle Tasse oder die Bürotasse" preisen Teehändler mitunter auch Grüntees im Aufgußbeutel an. Die Blätter und Blattspitzen sind ganz fein gebrochen, damit sich die Oberfläche vergrößert und sich das Aroma schneller im heißen Wasser löst. Jeder Filterpapier-Beutel enthält 1,75 bis 2,5 Gramm Grüntee, das genügt für eine große Tasse. Es gibt auch Aufgußbeutel mit aromatisiertem Grüntee zu kaufen – im Angebot sind unter anderem Lychee, Kaktusfeige und Birne.

Kenner geben zu bedenken, daß es auch der beste Beuteltee nicht mit der Qualität von losem Grüntee aufnehmen kann. Und dennoch: Eine von der Firma „Teekanne" in Auftrag gegebene Studie belegt, daß sich in grünem Beuteltee mehr EGCG (Epigallocatechingallat) lösen kann als in Blatt-Tee. Die beauftragten Braunschweiger Forscher geben sogar doppelte Mengen dieses gesundheitsfördernden Inhaltsstoffes an.

➠ *Wußten Sie,* daß man die ersten Aufgußbeutel „Teebombe" nannte und daß sie aus Mullsäckchen bestanden? Ende der 20er Jahre experimentierten einige Firmen mit Beuteln aus zusammengeklebten Spezialpergamenten, doch der Klebstoff beeinflußte den Geschmack. Heutige Teebeutel werden aus feinstem Filterpapier gefaltet und mit oder ohne Metallklammer verschlossen.

Grüntee richtig aufbewahren

Etwa sechs Monate hält sich grüner Tee frisch, dann sollten Sie ihn verbraucht haben. Einige Sorten altern langsamer, das können Sie selbst herausfinden, indem Sie die Blätter aufbrühen und testen, ob Ihnen der Tee noch schmeckt. Nach anderthalb Jahren verliert aber auch der beste Grüntee sein Aroma, die wertvollen Inhaltsstoffe hat er schon Monate zuvor eingebüßt.

Darauf sollten Sie achten

- Bewahren Sie den Grüntee in luftdicht verschlossenen Dosen auf. Sie können aus Blech oder Holz sein und sollten nur eine kleine Öffnung haben, damit nur wenig Sauerstoff an die Blätter kommt. Sie können den Tee vorher in eine Schutzfolie füllen, die Sie so verschließen, daß sie direkt an den Blättern anliegt. Es eignen sich auch lichtundurchlässige und gut verschließbare Beutel aus geruchsneutralem Material.
- Lagern Sie den Grüntee nicht in der Nähe von Gewürzen, Kräutertee oder aromatisierten Tees. Die Teeblätter nehmen fremde Aromen schnell an, auch die von Bratenduft oder anderen intensiven Küchengerüchen.
- Grüner Tee liebt es kühl und dunkel. Daher sollten Sie ihn weder auf das Fensterbrett noch über die Dunstabzugshaube oder in die Sonne stellen. Der Kühlschrank wäre auch ein falscher Ort, denn dort duftet es nach Käse, Wurst, Fleisch oder Fisch. Zudem wird der Tee dort feucht, und wenn Sie ihn zum Aufgießen herausnehmen, erwärmt er sich – darunter leidet das Aroma.
- Die Teedose sollten Sie nur trocken auswischen, aber nicht mit Spülmittel reinigen. Benutzen Sie das Gefäß zwischendurch nicht für andere Lebensmittel, die Qualität des Grüntees würde sich verschlechtern.
- Legen Sie einen trockenen Teelöffel in die Dose, um damit die passende Menge für den Aufguß zu entnehmen. So sind Sie sicher, daß Sie den Löffel nur für Tee benutzen.

WIRKSTOFFE FÜR KÖRPER, GEIST UND SEELE

Grüner Tee enthält alle Wirkstoffe der frisch gepflückten Teeblätter. 460 Inhaltsstoffe haben Wissenschaftler mittlerweile bestimmt: Die wichtigsten Substanzen sind das anregende Koffein, die für den bitteren Geschmack verantwortlichen Polyphenole (Gerbstoffe) und die ätherischen Öle, die das Aroma bestimmen. Für die Heilwirkung des grünen Tees sind zudem die verschiedenen enthaltenen Vitamine, Mineralstoffe und Spurenelemente wichtig.
Wer die zahlreichen Studien über den grünen Tee vergleicht, stellt fest, daß die Forscher zu unterschiedlichen Meßergebnissen kommen. Um so mehr unterscheiden sich auch die Angaben, die Publikumsverlage, der Tee-Fachhandel und selbsternannte Experten veröffentlichen.
Schon allein die chemischen Bezeichnungen der Inhaltsstoffe sind für den Laien verwirrend. Hinzu kommt, daß man die Wirkstoffe des grünen Tees zwar isoliert beschreiben kann, daß sie aber im Getränk mit all den anderen Substanzen zusammenwirken und sich gegenseitig beeinflussen.

➠ *Beachten Sie,* daß in Meßergebnissen die angegebene Menge der Inhaltsstoffe immer von vielen Faktoren abhängt: Welche Sorte wurde getestet? Wie wurden die Teeblätter verarbeitet? Sind sie geröstet oder gedämpft? Wie alt war der Grüntee? Wieviel Gramm Teeblätter wurden aufgegossen? Wie hoch war die Wassertemperatur? Wie lange hat der Tee gezogen?

Thein oder Koffein?

Johann Wolfgang von Goethe haben wir es wohl zu verdanken, daß wir wissen, welche Substanz im Kaffee – und auch im Tee – so anregend auf unseren Organismus wirkt. Der Dichter hatte nämlich einen Chemiker gebeten, einige Kaffeebohnen zu analysieren. Im Jahre 1820 entdeckte dieser das Koffein und isolierte es in seinem Labor.

Sieben Jahre später fand ein anderer Forscher eine ähnliche Substanz im Tee: Er nannte sie Thein (Teein), um den Bezug zum Tee deutlich zu machen. Noch heute sind viele Teetrinker überfragt, wenn es um die genaue Definition der Begriffe „Koffein“ und „Thein“ geht: Ist die eine Substanz nun im Kaffee, die andere aber im Tee enthalten? Oder bezeichnen beide Namen dieselbe chemische Verbindung?
In der Fachsprache wird das Wort „Thein“ nur noch selten verwendet, weil man schon 1838 entdeckte, daß der anregende Wirkstoff im Tee dem im Kaffee chemisch gleichgestellt ist. Im Teeblatt ist das Koffein lediglich anders als in der Kaffeebohne gebunden.

➠ *Wußten Sie,* daß Koffein auch in den Blättern der Matepflanze, den Samen des Guarana-Baumes sowie in den Früchten des Kakao- und Kolabaumes enthalten ist? Koffeinhaltige Pflanzen werden seit jeher zu anregenden Getränken verarbeitet, schon immer dienten sie sowohl als Genuß- wie auch als Heilmittel. Koffein kann man übrigens auch synthetisch herstellen.

Mehr Koffein in jungen Teeblättern

Koffein, das zu den sogenannten Alkaloiden gehört und fast geschmacklos ist, läßt sich gut in heißem Wasser lösen. Bei der Teezubereitung geht es in den ersten beiden Minuten in das Getränk über – einige Autoren sprechen davon, daß 85 Prozent des im Teeblatt gebundenen Koffeins lösbar sind.
Untersuchungen haben gezeigt, daß jüngere, kleinere Teeblätter mehr Koffein als ältere, größere enthalten. Die Menge schwankt zwischen zwei und vier Prozent. Die Stengel des Teebuschs weisen am wenigsten Koffein auf.

Koffein-Gehalt von Teeblättern aus Assam (nach Harler, 1964)

Pflanzenteil	*Koffeingehalt auf 100 Gramm Trockensubstanz*
Blattspitze	4,7 g
1. Blatt	4,2 g
2. Blatt	3,5 g
3. Blatt	2,9 g
Stengel, oben	2,5 g
Stengel, unten	1,4 g

aus: Walter Feldheim: Tee und Tee-Erzeugnisse (Seite 75)

Der Koffeingehalt variiert nicht nur von Sorte zu Sorte, auch übers Jahr hinweg schwankt die Menge um bis zu 30 Prozent. So hat eine Versuchsstation in Kyôto/Japan festgestellt, daß der Koffeingehalt zu Beginn des Blätterwachstums ansteigt und im Juli seinen höchsten Wert erreicht. Bis zum November fallen die Werte wieder ab, und in den kalten Monaten legen die Teepflanzen eine Ruhepause ein – dann enthalten die Blätter am wenigsten Koffein.

➠ *Wußten Sie,* daß Schattentee (wie Gyokuro) bis zu 50 Prozent mehr Koffein als andere Teesorten enthält? Im Schatten können die jungen Teeblätter mehr Stickstoff bilden, der knapp ein Drittel des Koffeins ausmacht.

Grüner Tee regt an, aber nicht auf

Im frischen Teeblatt bildet das Koffein mit anderen Substanzen – den Polyphenolen – einen Komplex. Bei der Herstellung des grünen Tees jedoch löst sich ein gewisser Teil des Koffeins wieder von den Gerbstoffen: Es gibt also gebundenes und freies Koffein.

Wenn Sie die grünen Blätter mit heißem Wasser aufgießen, geht das freie Koffein blitzschnell in das Getränk über. In den ersten ein bis zwei Minuten löst sich auch das gebundene Koffein im Wasser.

„Tee regt an, aber nicht auf", sagt man. Denn beim Teetrinken gelangt das gebundene Koffein nur langsam in den Blutkreislauf, da die Gerbstoffe das Tempo bremsen. Das Koffein beeinflußt das zentrale Nervensystem, es regt den Organismus an, Informationen besser zu verarbeiten. Der Effekt: Sie können klarer denken und schneller als sonst assoziieren und fühlen sich wach. Die Wirkung hält bis zu zwei Stunden an.

Koffeingehalt verschiedener Teesorten

	in 100 ml	*pro Tasse*
Bancha-Tee/Japan	13 mg	170 ml: 22 mg
Grüner Tee Gunpowder/China	36 mg	170 ml: 61 mg
Grüner Biotee vom Mount Fuji/Japan	46 mg	170 ml: 78 mg
zum Vergleich:		
Schwarztee Darjeeling	45 mg	170 ml: 77 mg
Normalkaffee (je nach Sorte)	66–98 mg	150 ml: 123 mg
Espresso (je nach Sorte)	177–354 mg	50 ml: 133 mg

nach: Peter Oppliger: Der grüne Tee (Seite 40)

Ob grüner Tee oder schwarzer Tee: Beide enthalten jedenfalls weniger Koffein als Kaffee.

Diese entspannte Aufmerksamkeit machen sich seit jeher die buddhistischen Mönche zunutze. Um beim Meditieren nicht müde zu werden, trinken sie zwischendurch einige Tassen grünen Tee.

☞ **Tip:** Denken Sie daran, daß grüner Tee Koffein enthält. Wenn Sie empfindlich darauf reagieren, sollten Sie mindestens vier Stunden vor dem Schlafengehen keinen Tee mehr trinken.

Grüner und schwarzer Tee im Vergleich

Die Wissenschaftler sind sich nicht ganz einig, ob grüner Tee weniger Koffein als schwarzer enthält oder umgekehrt. Eine Studie des deutschen Pharmazeuten Dr. Eberhard Scholz besagt, daß der Grüntee – mit Ausnahme der besten Qualitäten – meist etwas weniger Koffein enthält als die fermentierten Teeblätter. Den Werten zwischen 1,82 und 2,94 % Koffein im Grüntee stehen 2,6 bis 3,5 % Koffein im Schwarztee gegenüber.

Koffein im Kaffee

Rohe Kaffeebohnen enthalten 0,7 bis 2,6 Prozent Koffein, nach dem Rösten haben sie einen Gehalt von 1,3 bis 2,9 Prozent. Eine Tasse Kaffee enthält schon von vornherein mehr Koffein als eine Tasse Tee – für die Wirkung der Getränke ist es jedoch entscheidender, in welchen Komplexen das Koffein auftritt und wie der Körper darauf reagiert.

In der Kaffeebohne ist das Koffein nicht an Gerbstoffe, sondern an die sogenannte Chlorogensäure gebunden. Daher gelangt es sturzartig – nämlich schon im Magen – in die Blutbahnen. Es beeinflußt nicht das zentrale Nervensystem, sondern erhöht die Herzfrequenz und den Blutdruck.

Wenn Sie Kaffee trinken, spüren Sie, daß dessen anregende Wirkung schon nach etwa einer halben Stunde wieder schwindet: Sie fallen in ein Müdigkeitstief, das Sie leicht nach einer weiteren Tasse verlangen läßt. So kommt es, daß viele Kaffeetrinker mehr Koffein zu sich nehmen, als ihnen guttut. Bei Überdosen reagieren sie mit innerer Unruhe und Nervosität, erhöhtem Blutdruck und Herzrhythmus-Störungen, häufig ist auch ihr Magen gereizt.

Um schwarzen Tee herzustellen, müssen die grünen Blätter fermentiert werden: Dabei löst sich ein großer Teil des an die Gerbstoffe gekoppelten Koffeins, nach dem Trinken geht es schon im Magen – und nicht wie beim Grüntee erst im Darm – in die Blutbahnen über. So erklärt sich, daß kurz gezogener Schwarztee anregender als kurz gezogener Grüntee wirkt.

Herb oder mild – auf die Polyphenole kommt es an

„Der schmeckt aber bitter", mögen Sie einwenden, wenn Sie zum ersten Mal grünen Tee trinken. Es wäre aber schade, wenn Sie dem grünen Tee nicht noch eine zweite Chance geben würden. Denn nicht alle Sorten schmecken gleich: Die einen sind herber als andere, und Sie können einen milderen Grüntee zubereiten, wenn Sie die Blätter nicht länger als 90 Sekunden ziehen lassen.
Für den herben Geschmack verantwortlich sind die Polyphenole, die in vielen Pflanzen – und auch in den Blättern des Teebuschs – enthalten sind. Im grünen Tee gibt es viele ungebundene Gerbstoffe, andere bilden einen Komplex mit dem Koffein: Wenn sie mit heißem Wasser übergossen werden, gehen sie fast vollständig in das Getränk über.
Polyphenole schmecken zwar bitter, aber im Körper bewirken sie viel Gutes: Sie regen den Appetit an und unterstützen die Verdauung, sie bekämpfen Viren und Bakterien, sollen Krebs vorbeugen und das Risiko für Arteriosklerose und Herzinfarkt senken.

Positive Wirkung der Catechine

Im Teeblatt macht die Gruppe der sogenannten Polyphenole den größten Anteil der Wirkstoffe aus: Die Trockensubstanz enthält 25 bis 35 Prozent davon. Ähnlich wie beim Koffeingehalt lassen sich die meisten Polyphenole in der Knospe und den ersten beiden Blättern nachweisen. Grüne Tees, die aus älteren, größeren Blättern und Stengeln bestehen, enthalten weniger Polyphenole.
Besonderes Aufsehen erregten in jüngster Zeit die Forschungen über die sogenannten Catechine, die mengenmäßig etwa die Hälfte der Polyphenole ausmachen. Zu den Catechinen wiederum gehört das EGCG, das aus einer Verbindung von Catechinen und Gallussäure entstanden ist – die Abkürzung steht für Epigallocatechingallat. Japanische Wissenschaftler stellten fest, daß das im grünen Tee enthaltene

Special: So wirkt der grüne Tee weniger anregend

Wie Ihr grüner Tee wirken soll, können Sie weitgehend selbst bestimmen. Sie haben einige Möglichkeiten, den Koffeingehalt zu steuern:

- Viel Koffein enthalten Schattentees (wie Gyokuro und Matcha) und Sorten, die nur aus Knospen oder dem jüngsten Teeblatt bestehen (wie weißer Tee). Wenig Koffein haben Sorten aus älteren, großen Teeblättern und beigemischten Stengeln (wie Bancha, Kokaicha und Hojicha).
- Je mehr Teeblätter Sie mit heißem Wasser übergießen, desto mehr Koffein kann sich im Getränk lösen. Wer empfindlich reagiert, sollte höchstens einen gestrichenen Teelöffel Blättertee bzw. einen Beutel pro Tasse nehmen.
- Besonders anregend wirkt der grüne Tee, wenn er bis zu 90 Sekunden gezogen hat. Dann hat sich das gesamte freie Koffein bereits gelöst. Grüntee, der länger zieht, kann leicht bitter schmecken: Das ist ein Zeichen dafür, daß auch die Gerbstoffe in das heiße Wasser übergegangen sind. Beim Teetrinken gelangen die bitteren Gerbstoffe in den Körper, sie verzögern die Aufnahme des Koffeins. Zudem löst sich noch ein anderer Wirkstoff im Tee, das sogenannte „Theanin“. Es kann die Wirkung des Koffeins teilweise neutralisieren. Die Faustregel lautet also: Anregend und mild bei kurzer Ziehdauer, weniger anregend und leicht bitter bei längerer Ziehdauer.
- Wenn Sie empfindlich auf Koffein reagieren, sollten Sie nicht den ersten Aufguß (30 Sekunden Ziehzeit), sondern den zweiten Aufguß trinken: Dann haben die Teeblätter das meiste Koffein bereits abgegeben, und Sie nehmen einen weniger anregenden Tee zu sich.

EGCG Krebs vorbeugt, vor Herz-Kreislauf-Problemen schützen und Viren bekämpfen kann – daher konzentriert sich die Tee-Forschung derzeit besonders auf diesen Biostoff (siehe S. 83 ff.).

☞ **Tip:** Wenn Ihnen der Grüntee zu bitter oder zu herb schmeckt, sollten Sie nur den zweiten, milderen Aufguß trinken. Sie können auch Sorten wählen, die weniger Gerbstoffe enthalten, wie Bancha, Kokaicha oder Hojicha.

Andere Verbindungen im schwarzen Tee

Werden die frischen Teeblätter nicht zu grünem, sondern zu schwarzem Tee verarbeitet, ändern sich auch einige der ursprünglichen Inhaltsstoffe. So schmeckt Schwarztee zum Beispiel nicht so herb wie Grüntee. Denn wenn die Blätter fermentiert und anschließend getrocknet werden, entstehen aus den Polyphenolen neue Verbindungen – und diese Oxidationsprodukte schmecken nicht so bitter wie die ursprünglichen Substanzen. Bei der Sauerstoffreaktion werden die meisten Polyphenole zu den sogenannten Thearubigenen: Sie machen etwa ein Fünftel des Trockengewichts von Schwarztee aus und sind für die rotbraune Farbe der Teeblätter verantwortlich.

Man nimmt an, daß bei der Fermentation auch das im Grüntee reichlich vorhandene EGCG (Epigallocatechingallat) oxidiert. Eine Untersuchung belegt, daß der EGCG-Gehalt im Schwarztee geringer als im Grüntee ist.

Anteil an EGCG* im Tee

	Frische Blätter	*Grüner Tee*	*Schwarzer Tee*
		% Trockengewicht	
EGCG*	9–13	2,5–10,5	1,7

nach: Eberhard Scholz: Camellia sinensis (Seite 236)
* EGCG = Epigallocatechingallat

Tannine verzögern das Altern

Im grünen Tee sind Tannine enthalten: Sie verlangsamen den Alterungsprozeß der Körperzellen, da sie freie Radikale unschädlich machen können. Diesen Effekt hatte man zuvor schon für das Vitamin E nachgewiesen. Doch eine Studie des japanischen Wissenschaftlers Takuo Okada belegt, daß das im Grüntee enthaltene Tannin etwa 20mal effektiver wirkt als Vitamin E.

Aromastoffe für den Geschmack
Bisher konnten 75 Aromastoffe im grünen Tee nachgewiesen werden, mindestens doppelt so viele mögen aber insgesamt vorhanden sein. Doch die ätherischen Öle – die Bausteine des Aromas – verflüchtigen sich schnell: Bewahren Sie den Grüntee deshalb sorgfältig in einer geschlossenen Dose oder Tüte auf, und übergießen Sie die Blätter niemals mit kochendem Wasser. Je niedriger die Temperatur ist, desto mehr schonen Sie das Aroma des Tees – 60 bis 75° C sind optimal.

Vitamine, Mineralstoffe und Spurenelemente

In grünem Tee ist ebensoviel Vitamin C wie in frischen Zitronen enthalten – das fanden Wissenschaftler 1975 heraus. So überwältigend diese Nachricht auch sein mag: Da man die Teeblätter nicht wie Zitronen auspreßt, sondern mit heißem Wasser übergießt und dann das Getränk – ohne die Teeblätter – genießt, ist fraglich, wieviel Vitamin C man auf diese Weise wirklich zu sich nimmt.
Normalerweise wird Vitamin C durch Hitze zerstört. Doch im grünen Tee soll es stabiler sein. Ein großer Teil sei auch nach dem Aufkochen in den Blättern vorhanden, behauptet jedenfalls Aleijos in seinem Buch „T'u Ch'uan".
Die Deutsche Gesellschaft für Ernährung empfiehlt Erwachsenen, täglich mindestens 75 mg Vitamin C zu sich nehmen. Es ist vor allem in frischem Grüngemüse, Kartoffeln, Obst und Zitrusfrüchten enthalten. 100 Gramm Grüntee-Blätter kommen auf 60 bis 250 mg Vitamin C – doch wie viele Tassen Sie trinken müßten, um Ihren täglichen Bedarf zu decken, konnte noch nicht eindeutig geklärt werden.

Vitamin C schützt Ihre Körperzellen
Als Beweis für den hohen Vitamin-C-Gehalt des Tees führen einige Autoren die Lebensgewohnheiten der Nomadenstämme in der Mongolei und in Kleinasien an: Sie ernähren sich traditionell nur von Fleisch und Milchprodukten, aber damit nehmen sie nur wenig Vitamin C zu sich. Das Erstaunliche ist, daß bei diesen Stämmen keine Vitaminmangel-Krankheiten vorkommen. Der Grund mag darin lie-

gen, daß die Nomaden sehr viel (meist schwarzen) Ziegeltee trinken und ihren Vitaminbedarf wahrscheinlich auf diese Weise decken.
Wenn auch nicht ganz sicher ist, wieviel Vitamin C im grünen Tee enthalten ist, so kommt der Tatsache an sich schon eine Bedeutung zu: Denn Vitamin C gilt als eines der wichtigsten Antioxidantien, das Sie zu sich nehmen können. Diese Substanzen schützen Ihre Körperzellen vor schädlichen Reaktionen und tragen so dazu bei, daß Sie gesund bleiben (siehe S. 84).

➡ *Wußten Sie,* daß nicht nur Hitze, sondern auch Sauerstoff und Licht das empfindliche Vitamin C beeinflussen? Sie sollten daher den Tee verschlossen und dunkel aufbewahren.

Im Grüntee wurden auch die Vitamine Beta-Karotin (Provitamin A), E und K sowie verschiedene Vitamine der B-Gruppe nachgewiesen. Zuverlässige Analysen – auch in Hinblick auf den fertigen Aufguß – fehlen jedoch.

Hoher Gehalt an Fluor

In einem Liter Grüntee sind bis zu einem Milligramm Fluor enthalten, das deckt den Tagesbedarf eines Erwachsenen – Kinder kommen mit weniger aus. Das Spurenelement festigt die Zähne und Knochen und sorgt dafür, daß sich kein Zahnbelag bildet. Übrigens: Gunpowder-Tee steht in Hinblick auf den Fluorgehalt an der Spitze aller Sorten.
Im grünen Tee wurden auch noch andere lebenswichtige Mineralstoffe und Spurenelemente nachgewiesen. Doch in welchen Mengen Kalzium, Kalium, Natrium, Magnesium, Kupfer, Zink, Eisen, Nickel, Jod und Mangan enthalten sind, schwankt von Studie zu Studie.

GESUND UND AUSGEGLICHEN MIT GRÜNEM TEE

„Medizin war der Tee zuerst, Getränk wurde er danach", schrieb der Samurai und Kulturphilosoph Kakuzo Okakura. Mittlerweile haben vor allem japanische Wissenschaftler nachgewiesen, wie der grüne Tee auf den Organismus wirkt.

Bemerkenswert sind besonders die Studien, die in Tierversuchen und In-vitro-Tests belegen, daß die Inhaltsstoffe des grünen Tees die Bildung von Tumoren hemmen. Den entscheidenden Impuls für ihre Arbeit erhielten die Mediziner, als Professor I. Oguni von der Universität in Shizuoka feststellte, daß die Bewohner in der Umgebung seltener als ihre Landsleute an Magenkrebs sterben. Die Wissenschaftler kombinierten: Shizuoka ist das größte Teeanbaugebiet, dort trinkt man seit jeher viel grünen Tee, also muß es einen Zusammenhang zwischen den Wirkstoffen des Grüntees und der Krebsrate geben.

Da es ähnliche Berichte auch aus der chinesischen Teeprovinz Szechuan gab, forschten die Japaner intensiver nach den Inhaltsstoffen und kamen zu erstaunlichen Ergebnissen, die den von Kakuzo Okakura angedeuteten Wandel vervollständigen: Medizin war der Grüntee zuerst, dann entdeckte man ihn als wohlschmeckendes Getränk, und jetzt wird er wieder zum Heilmittel erhoben.

➠ *Wußten Sie,* daß Japaner weltweit die höchste Lebenserwartung haben? 1995 fanden Statistiker heraus, daß Japanerinnen durchschnittlich 82 Jahre alt werden, Japaner kommen auf 76 Jahre. Zum Vergleich:

Lebenserwartung in verschiedenen Ländern

	Frauen	*Männer*
Japan (1995)	82,0 Jahre	76,0 Jahre
Schweiz (1995/96)*	81,9 Jahre	75,7 Jahre
Österreich (1996)*	80,2 Jahre	73,9 Jahre
Deutschland (1993/95)*	79,5 Jahre	73,0 Jahre

* Quelle: Österreichisches Statistisches Zentralamt (ÖSTAT), 1998

Heilmittel grüner Tee

Um die gesundheitliche Wirkung des grünen Tees zu testen, betrachten die Wissenschaftler meist nur die einzelnen Inhaltsstoffe. Wie jedoch alle Substanzen zusammen reagieren, wird nur selten erfaßt. Darüber hinaus ist noch nicht erwiesen, ob die Stoffe auf den Menschen ebenso wie auf Mäuse und Ratten wirken.
Zudem ist es sicherlich ein Trugschluß zu glauben, daß Sie nur grünen Tee trinken müssen, um all Ihre „Alltagssünden" vergessen zu machen. Ändern Sie Ihre schädlichen Lebensgewohnheiten, und gönnen Sie sich hin und wieder eine Tasse grünen Tee – nur so sorgen Sie rundum für Ihre Gesundheit.

Wichtiger Hinweis
Jedes Naturheilmittel wirkt nur dann, wenn Sie nicht zu viel davon zu sich nehmen. Gesund und ohne Nebenwirkungen sind täglich zwei bis drei Tassen Grüntee, der japanische Wissenschaftler Dr. Fujiki empfiehlt einen Liter pro Tag.
Grünen Tee können Sie vor allem bei Alltagsbeschwerden einsetzen. Wenn Ihre Beschwerden aber nach spätestens fünf Tagen nicht abklingen, sollten Sie unbedingt einen Arzt um Rat fragen. Wer unter ernsthaften Gesundheitsproblemen leidet und deswegen behandelt wird, kann sich erkundigen, ob grüner Tee die Heilung unterstützen würde.
In den folgenden Absätzen werden die Ergebnisse einiger wissenschaftlicher Studien beschrieben. Von einer Selbstbehandlung ohne Rücksprache mit dem Arzt wird dringend abgeraten.

Zur Vorbeugung gegen Krebs

Im grünen Tee sind Catechine enthalten, die sehr wahrscheinlich krebsvorbeugend wirken. Das gilt vor allem für den in vielen Studien isolierten Biostoff EGCG (Epigallocatechingallat): Japanische Wissenschaftler haben ihn Mäusen und Ratten verabreicht und festgestellt, daß er Tumoren in der Haut, im Vormagen und in der Lunge sowie im Dünndarm vorbeugen kann. In den Tierversuchen lag der Schutzeffekt bei 30 bis 100 Prozent, die Wirkung mag unter anderem auch von der Menge der zugeführten Substanzen abhängen.

Die Polyphenole im Grüntee scheinen einen positiven Einfluß auf die Krebsvorbeugung zu haben: Die Mäuse und Ratten, die diese Stoffe vermehrt mit dem Trinkwasser aufnahmen, erkrankten seltener an Hauttumoren und Darmkrebs.
Bei Nagern, die über einen gewissen Zeitraum wäßrige Extrakte aus grünem Tee tranken, stellte man darüber hinaus fest, daß 40 bis 60 Prozent der Tiere vor Tumoren in der Speiseröhre geschützt waren. Einigen Ratten mengte man auch Teeblätter ins Futter. Das Ergebnis: Leberkrebs entstand wesentlich seltener als bei den Vergleichstieren.

Antioxidantien schützen die Körperzellen

Im grünen Tee sind Polyphenole enthalten, die als Antioxidantien wirken und das Entstehen von Tumoren verlangsamen bzw. verhindern können. Antioxidantien schützen die Körperzellen, weil sie Kettenreaktionen bremsen können, die das Gleichgewicht zwischen den stabilen Sauerstoffmolekülen und den sogenannten freien Radikalen stören: Obwohl der Körper auch eigene Antioxidantien bildet, reicht die Menge bei der heutigen Umweltbelastung und vor allem bei ungesunder Lebensweise nicht immer aus. Sie können Ihren Organismus aber unterstützen, wenn Sie ihm – zum Beispiel in Form von grünem Tee – auch von außen Antioxidantien zuführen. Die Vitamine Beta-Karotin (Provitamin A), C und E gelten als die wichtigsten Antioxidantien, die Sie zu sich nehmen können.

Schutz vor Grippeviren

Wenn Sie regelmäßig grünen Tee trinken, stärken Sie Ihr Immunsystem. Denn in dem Getränk sind Wirkstoffe enthalten, die Bakterien und Viren abwehren können. Bei Laborversuchen mit Kaninchen wurde nachgewiesen, daß EGCG (Epigallocatechingallat) und Theaflavingallat diese vor den Influenza-A- und -B-Viren schützen.

➠ *Wer Husten und Schnupfen hat,* sollte mehrmals am Tag eine Tasse grünen Tee trinken. Vielleicht schmeckt Ihnen das Getränk ja besser, wenn Sie etwas Zitronensaft und Naturhonig hinzugeben.

Hoffnung für die Bekämpfung von AIDS

Japanische Wissenschaftler testeten 1994 mehrere Naturstoffe und Pflanzenextrakte, um ein wirksames Mittel gegen HI-Viren zu finden. Auch grüner und schwarzer Tee wurden in die Versuchsreihen aufgenommen.

Das Ergebnis: Viele der im Tee enthaltenen Catechine sind durch Gallussäure verestert, und das ist die Voraussetzung dafür, um ein spezielles, im HI-Virus enthaltenes Enzym zu hemmen. Es bleibt abzuwarten, ob sich die beiden Grüntee-Wirkstoffe Epigallocatechingallat (EGCG) und Epicatechingallat (ECG) bei der Bekämpfung von AIDS bewähren.

Die Verdauung anregen

Grüner Tee soll nicht nur gegen Viren, sondern auch gegen Bakterien wirken. Versuche mit dem Erreger der Cholera lassen darauf schließen, daß zumindest schwarzer Tee vor Durchfall, der durch Bakterien verursacht wurde, schützen kann. Einige Autoren gehen davon aus, daß man dem grünen Tee dieselbe Wirkung zuschreiben könne.

Die Chinesen und Japaner trinken den Grüntee in der Regel nach dem Essen – im Wissen, daß er die Magensäfte anregt und das Völlegefühl nach einem üppigen Mahl mildert.

Zahnbelag und Karies verhindern

Kinder, die jeden Tag eine Tasse Grüntee trinken, bekommen seltener Karies. Zu diesem Ergebnis kamen die Zahnheilkundler der Universität Tokio unter Professor Dr. Masao Onishi. Sie wiesen nach, daß EGCG (Epigallocatechingallat) die Bildung von Zahnbelag hemmt, auch das im Grüntee enthaltene Fluor schützt vor Karies.

➠ *Da grüner Tee Koffein enthält,* sollte Ihr Kind nicht zu viel davon trinken. Gegen Karies soll es auch schon helfen, den Mund nach dem Essen mit Grüntee auszuspülen.

Positive Wirkung auf die Blutfettwerte

Fünf Jahre lang beobachteten japanische Wissenschaftler 1371 Männer über 40, die regelmäßig grünen Tee tranken – zum Teil mehr als zehn Tassen täglich. Sie hatten einen niedrigeren Cholesterinspiegel, dafür soll das im Grüntee enthaltene Epigallocatechin (EGC) verantwortlich sein. Zudem waren auch die Leberwerte der Teetrinker besser als die der Vergleichspersonen.

Special: Unsterblich mit grünem Tee?

Im Jahre 1211 schrieb der japanische Mönch Eisai: „Wo immer Tee angebaut wird, langes Leben wird folgen. In vergangenen wie in heutigen Zeiten, Tee ist ein Elixier, das fast Unsterblichkeit verleiht."
Die Behauptung des Mönches nahm sich Dr. Itaro Oguni, Professor für Ernährungswissenschaften an der Universität von Shizuoka/Japan, bei seinen Nachforschungen zu Herzen: In einer Broschüre der Japan Tea Exporters' Association weist er darauf hin, daß grüner Tee mehr als ein Getränk sei – grüner Tee sei ein „funktionelles Lebensmittel", das mehrere „bioregulierende Funktionen" habe.

Getränk mit Zusatznutzen

Essen gegen den Hunger, Trinken gegen den Durst – wenn es so einfach wäre, würden wir zu allen Nahrungsmitteln gleich gern greifen. Doch auf den Geschmack kommt es an, denn die einen mögen lieber Süßes, die anderen lieber Herzhaftes. Bei dem, was wir zu uns nehmen, achten wir aber auch zunehmend darauf, ob es denn wirklich gesund ist.
Von Obst und Gemüse zum Beispiel wissen wir seit langem, daß sie wichtige Substanzen für unseren Organismus enthalten. Seit den achtziger Jahren werden uns zudem die „funktionellen Lebensmittel" schmackhaft gemacht – das sind Produkte, die einen Extranutzen haben.
Wenn es nach den Herstellern ginge, würden sie am liebsten alle funktionellen Lebensmittel mit Werbesprüchen versehen, um mehr davon abzusetzen. Doch in Deutschland ist das noch verboten. Als Beispiel eine Packungsaufschrift aus den USA: „Nahrungsmittel mit wenig Salzgehalt können das Risiko eines hohen Blutdrucks senken, einer Krankheit, die mit vielen Faktoren assoziiert ist."
Die Revolution begann in Japan. Dort wurde am 1. Juni 1993 das erste „functional food" zugelassen: Es war ein Reis der Firma Shiseido, der so gezüchtet wurde, daß er keine Lebensmittelallergien mehr hervorrief. Mittlerweile sind in Japan fast 80 Pro-

dukte zugelassen, die nicht nur Krankheiten verhindern, sondern auch gesund machen sollen. Erlaubt sind solche „Gesundmacher“ auch in den USA und Großbritannien.

Funktionelle Lebensmittel verlocken zum Kauf

In Deutschland wehren sich Mediziner und Verbraucherorganisationen noch erfolgreich gegen diese Zwitter aus Lebens- und Arzneimittel. Kritiker geben zu bedenken, daß es nicht eindeutig geklärt sei, wie man nachweisen müsse, ob ein Lebensmittel wirklich den versprochenen Nutzen habe. Dafür seien klinische Studien notwendig, wie man sie auch für Medikamente benötige. Zudem sei zu befürchten, daß die Verbraucher glaubten, funktionelle Lebensmittel könnten eine gesunde Ernährung und Lebensweise ersetzen.

Dr. Itaro Oguni ordnet auch den grünen Tee den funktionellen Lebensmitteln zu – denn angeblich erfüllt das Getränk alle Kriterien dafür. Demnach wirkt grüner Tee biodefensiv, er kann außerdem Krankheiten vorbeugen, die Genesung fördern, den physischen Rhythmus kontrollieren und die Alterung hinausschieben.

Mit den Zeichnungen und Sprechblasen-Texten in seiner Broschüre geht Dr. Oguni jedoch vielen Ernährungsexperten zu weit. „Dank grünen Tees kann ich ohne Sorge Fleisch essen“, sagt da ein Mann, der an einem Tisch sitzt und gerade ein üppiges Mahl zu sich nimmt. Eine Frau freut sich, weil sie sich angeblich keine Sorgen um ihren Cholesterinspiegel machen muß: „Dank des Tees kann ich jeden Tag schlemmen.“ Solche Slogans versprächen viel zu viel und lenkten von den wahren Zusammenhängen ab, bemängeln die Kritiker.

Dr. Oguni aber ist vom grünen Tee vollkommen überzeugt. Der japanische Ernährungswissenschaftler glaubt, daß sich der grüne Tee „als ein beliebtes Getränk für die neue, gesundheitsbewußte Generation erweisen“ könne, und geht in seinen Aussagen sogar noch einen Schritt weiter: „Grüner Tee ist, wie der Mönch Eisai vor langer Zeit betonte, tatsächlich eine ‚wundervolle Medizin‘ mit ‚außerordentlichen Fähigkeiten, das Leben zu verlängern‘.“

Wer regelmäßig Grüntee trinkt, kann das Zusammenspiel der beiden Cholesterin-Arten günstig beeinflussen: Im Laufe der Zeit bildet sich nämlich mehr „gutes" HDL-Cholesterin (high density lipoprotein), das dazu beiträgt, das „schädliche" LDL-Cholesterin (low density lipoprotein) in der Leber abzubauen. So verringert sich das Risiko, einen Herzinfarkt zu bekommen.
Eine solche vorbeugende Wirkung gegen Arteriosklerose wurde in einer Studie von Dr. Fukui von der Japanischen Medizin-Akademie für den grünen Tee festgestellt. Die Inhaltsstoffe des grünen Tees sollen die Blutgefäße davor schützen, sich zu verengen.

Gegen hohen Blutdruck

Um zu testen, wie sich grüner Tee auf den Blutdruck auswirkt, verabreichten Forscher einigen Ratten Adenin, denn so erhöht sich der normale Blutdruck. Daraufhin gaben sie den Tieren statt Wasser grünen Tee zu trinken, und nach 24 Tagen senkte sich der Blutdruck wieder. Auch Dr. Meguro von der Tohoku-Universität stellte fest, daß grüner Tee hohen Blutdruck verhindert.

Weniger radioaktive Stoffe im Körper

Japanische Fischer starben in den 50er Jahren, weil sie mit ihrem Boot in der Nähe der Marshall-Inseln durch den radioaktiven Nebel gefahren waren – die Amerikaner hatten dort zuvor Atomversuche gemacht. Dieses Unglück veranlaßte den Mediziner Dr. Eiichi Hayashi, einen Wirkstoff zu suchen, der die Aufnahme radioaktiver Substanzen verhindert.

Vorsicht Nebenwirkungen!

Grüner Tee hat viele positive Eigenschaften, die dem gesunden Menschen zugute kommen. Wenn Sie aber unter Gesundheitsbeschwerden leiden, sollten Sie Ihren Arzt fragen, wieviel Tee Sie vertragen. Vorsicht ist geboten bei:

- Empfindlichkeit gegenüber Koffein und Gerbstoffen
- Neigung zu Nervosität und Schlaflosigkeit
- Magengeschwüren
- Einnahme von Medikamenten, die viel Eisen oder Kalzium enthalten

Bei seinen Untersuchungen konzentrierte sich der Arzt auf das radioaktive Element Strontium 90, das leicht anstelle von Kalzium in die Knochensubstanz eingebaut wird und eine Halbwertszeit von 28 Jahren hat. Er fand heraus, daß sich das im Grüntee enthaltene Tannin mit Strontium verbindet und vom Körper wieder ausgeschieden wird.
Auf diese Weise nimmt der Organismus 20 bis 30 Prozent weniger Strontium auf, so der Wissenschaftler. Daher wird Menschen, die häufig mit radioaktiven Stoffen in Berührung kommen, empfohlen, viel grünen Tee zu trinken.

Genuß- und Heilmittel für den Alltag

Grünen Tee können Sie in allen Lebenslagen trinken: Er hilft Ihnen, sich besser zu konzentrieren, Sie können damit Ihre Haut schützen, er ist ein gesundes und kalorienarmes Getränk bei Diäten und Fastenkuren, oder Sie löschen ganz einfach Ihren Durst damit. Probieren Sie einige Sorten und Rezepte aus, und entdecken Sie die vielen Verwendungsmöglichkeiten.

Sich besser konzentrieren können

Schon der chinesische Zenmeister Lao-tze (ca. 6. Jahrhundert v. Chr.) entdeckte die anregende Wirkung der Teeblätter, er trank den grünen Tee „zur Stärkung und Erquickung". Der Legende nach soll auch der indische Missionar Bodhi-darma die grünen Blätter hoch gepriesen haben. Seine Empfehlung: Wer meditieren und dabei nicht einschlafen will, sollte Tee trinken – das hält wach.
Im 19. Jahrhundert entdeckten die Chemiker den Wirkstoff, der die Konzentration steigert: das Koffein. Im Tee ist es so gebunden, daß es langsam in die Blutbahnen gelangt und die Gehirnzellen nach dem Trinken bis zu zwei Stunden lang anregt. Zum Vergleich: Das Koffein im Kaffee wirkt zwar sofort, danach werden Sie aber schneller wieder müde.

☞ **Tip:** Gönnen Sie sich hin und wieder eine Teepause, auch und gerade wenn Sie unter Streß stehen. Die Zeit dafür können Sie ohne weiteres wieder „einarbeiten", weil Sie sich nach dem Teetrinken erholt und fit fühlen.

Grüner Tee zur Hautpflege

Vor einigen Jahren entdeckte die Kosmetikindustrie den grünen Tee als zusätzlichen Wirkstoff. Ihr Argument: Wenn Sie an die Sonne gehen, bilden sich durch die UV-Strahlen viele freie Radikale in den obersten Schichten der Haut. Die Antioxidantien aber, die in teehaltigen Cremes und Lotionen enthalten sind, wirken als „Radikalenfänger“. Sie sollen das Altern aller Körperzellen verhindern – und damit natürlich auch der Hautzellen.

➠ *Erkundigen Sie sich,* welche Kosmetikfirmen Hautpflegeprodukte auf den Markt gebracht haben, die grünen Tee enthalten. Empfehlenswert sind sie – durch ihren höheren Wasseranteil – vor allem zur Pflege von normaler und trockener Haut.

Bei Diäten und in der Fastenzeit

In fast allen Kulturen gilt das Fasten als Mittel zur körperlichen und geistigen Reinigung, viele Religionen schreiben sogar spezielle Fastenzeiten vor. Auch wenn Sie bei einer Fastenkur eher an das Loswerden überflüssiger Pfunde denken, lautet das oberste Gebot auf jeden Fall: Trinken Sie täglich zwei bis drei Liter – je nach Methode sind Mineralwasser, Tee, Gemüsebrühe sowie Obst- und Gemüsesaft erlaubt.

Vor allem auf Kaffee sollten Sie verzichten, wenn Sie wenig oder gar nichts essen. Probieren Sie es mit grünem Tee, der vertreibt auch Ihre Müdigkeit. Um Ihre Ernährungsgewohnheiten langfristig umzustellen, mag sich eine Fastenkur als Einstieg anbieten. Doch beim Abnehmen geht es eigentlich nur um eines: Sie dürfen nicht mehr so viele Kalorien wie bisher zu sich nehmen, und da könnte Ihnen der grüne Tee gerade recht kommen. Er wird traditionell ohne Milch und Zucker getrunken und hat deshalb keine Kalorien.

➠ *Beschäftigen Sie sich mit dem grünen Tee,* und probieren Sie mehrere Sorten aus. Vergleichen Sie die Teeblätter vor und nach dem Aufgießen, und nehmen Sie sich etwas Zeit für das Teetrinken. Sie werden einen ganz neuen Geschmack kennenlernen und sich wieder an den einfachen Dingen des Lebens freuen können. Ersetzen Sie Kaffee, alkohol- und zuckerhaltige Getränke immer wieder mal durch grünen Tee, und trinken Sie ihn ohne Zusatz – so reduzieren Sie die Kalorien und führen Ihrem Körper dennoch wichtige Bio-Substanzen zu.

Für Sportler – den Durst löschen und länger durchhalten

Wer sich viel bewegt oder Sport treibt, sollte darauf achten, genügend Flüssigkeit zu sich zu nehmen. Wählen Sie zur Abwechslung doch mal grünen Tee – den können Sie nämlich auch kalt trinken. Füllen Sie den zweiten Aufguß in eine Flasche, und geben Sie vielleicht auch einen Spritzer Zitrone und etwas Honig dazu.
Grüner Tee ist ein idealer Durstlöscher, er erhöht die Konzentration und das Leistungsvermögen. Vor allem für Ausdauersportler bietet der Grüntee eine gesunde Alternative zu anderen käuflichen Mixgetränken.

Hinweise für Schwangere, Kinder und Senioren

Was für gesunde Menschen gilt, muß nicht im selben Maße für andere Personengruppen zutreffen. Vor allem schwangere Frauen und Senioren sollten sich genau darüber informieren, wieviel Grüntee ihnen guttut. Und wer Kinder hat, sollte sicher sein, daß sie nicht allzu sehr „aufdrehen", wenn sie ein koffeinhaltiges Getränk wie den grünen Tee zu sich nehmen.

Schwangerschaft und Wechseljahre

Vitamine, Eisen und Zink werden vielen schwangeren Frauen verordnet, um den belasteten Körper zu unterstützen. Dr. Ichiro Mori von der Kagoshima Universität in Japan stellte fest, daß im grünen Tee so viel Zink enthalten ist, daß Schwangere ihren erhöhten Tagesbedarf damit zum Teil auch auf natürliche Weise decken können. Zink kommt zudem in Fisch, Meeresfrüchten, Milchprodukten, Vollkorngetreide und Nüssen vor.
Während der Wechseljahre müssen sich Frauen damit vertraut machen, daß ihre Eierstöcke immer mehr die Hormonproduktion einstellen. Vielen bereitet diese Lebensphase psychische Probleme, die sich in Nervosität, Kopfschmerzen, Verspannungen, Hitzewallungen und Schweißausbrüchen äußern.
Sie können das Klimakterium aber auch positiv sehen und sich auf den neuen Lebensabschnitt freuen. Nehmen Sie die Hormonumstellung zum Anlaß, auch Ihre Gewohnheiten zu ändern – und ersetzen Sie zum Beispiel den Kaffeeklatsch durch eine feierliche Teestunde.
Machen Sie sich bewußt, daß grüner Tee lebenswichtige Vitamine,

Mineralstoffe und Spurenelemente enthält. Zudem sollen die Polyphenole, die den Alterungsprozeß des Organismus verzögern können, 20mal effektiver als Vitamin E wirken. Der Effekt: Ihre Zellen und damit der gesamte Organismus altern langsamer.

Vorsicht, wenn Ihr Kind ein Zappelphilipp ist

Von welchem Alter an Sie Ihrem Kind grünen Tee zu trinken geben können, hängt von mehreren Faktoren ab. Am wichtigsten ist es zu klären, wie empfindlich es auf Koffein reagiert. Beobachten Sie Ihr Kind, wenn es Schokolade gegessen oder Kakao bzw. Coladrinks getrunken hat. Wenn es danach allzusehr „aufdreht", sollten Sie ihm keinen grünen Tee anbieten. Vor allem bei hyperaktiven Kindern ist Vorsicht geboten. Einige Experten empfehlen, Kindern unter sieben Jahren keinen Grüntee zu trinken zu geben.

➠ *Wählen Sie für Ihr Kind* koffeinarmen Grüntee wie Bancha, und vermeiden Sie auf jeden Fall Schattentees. Fraglich ist aber dennoch, ob sich Ihr Kind überhaupt für grünen Tee begeistern läßt. Versuchen Sie es mit etwas Fruchtsaft oder Honig im Tee, oder brühen Sie einen Kräutertee auf – sein Duft könnte Ihr Kind auf den Geschmack bringen.

Tips für Senioren

Für ältere Menschen ist grüner Tee wesentlich gesünder als Kaffee. Wer nicht allzu empfindlich auf Koffein reagiert, kann täglich ein paar Tassen Grüntee trinken. Die Inhaltsstoffe sorgen dafür, daß

- der Appetit wächst und die Verdauung unterstützt wird
- sich der hohe Blutdruck senkt
- sich die Blutgefäße nicht verengen (seltener Arteriosklerose)
- dem Körper Fluor zugeführt wird, weniger Karies entsteht und das Zahnfleisch kräftig bleibt
- das Knochenmineral Kalzium besser verwertet wird (seltener Osteoporose).

SO SCHMECKT DER GRÜNE TEE AM BESTEN

„Drei Dinge auf dieser Welt sind höchst beklagenswert: das Verderben bester Jugend durch falsche Erziehung, das Schänden bester Bilder durch unverständiges Begaffen und die Verschwendung besten Tees durch falsche Behandlung", schrieb der chinesische Dichter Li Chi-Lai der Sung-Dynastie. Wenn man auch über die ersten beiden Punkte noch etwas länger diskutieren müßte, so können Teeliebhaber der dritten Aussage ohne weiteres zustimmen. Denn eines steht fest: Sie müssen den grünen Tee anders als den schwarzen zubereiten – sonst entfalten die Blätter nicht ihr volles Aroma.

Weiches Wasser für das Aroma

Von dem chinesischen Dichter Lu-Yü (728–804) erzählt man sich, daß er die Güte des Teewassers mit traumwandlerischer Sicherheit bestimmen konnte. So soll er eines Tages Wasser probiert haben, das angeblich aus dem mittleren Teil des Jangtse bei Nanling stammte und als „das feinste unter dem Himmel" galt. Der Teemeister nahm einen Schluck aus der Kanne und stellte fest: „Es könnte das Wasser aus der Strommitte sein; doch man hat es stark mit Wasser aus der Nähe des Ufers vermischt." Der zuständige Beamte mußte gestehen, daß er etwas Wasser verschüttet hatte, weil das Boot ins Schwanken geraten war, und daß er die Kanne später wieder aufgefüllt hatte – in der Hoffnung, daß es niemand bemerkt …

Mutter „Wasser" und Vater „Teekanne"
Das Wasser ist die Mutter des Tees und die Teekanne der Vater. Nur wenn Mutter und Vater gesund sind, kommt auch das Tee-Kind gesund zur Welt.

Chinesische Weisheit

Berühmte Quellen rund um Kyôto

Japanische Teemeister bewundern die Flexibilität des Wassers und streben diese Eigenschaft auch für sich selbst an. „Wir können uns die natürlichen Qualitäten des Wassers zunutze machen, indem wir uns selbst an unsere Umgebung anpassen. Durch das Würdigen dieses großartigen Naturgeschenkes gewinnen wir Lebenserfahrung und Weisheit", schreibt denn auch Sen Sôshitsu XV. in der Zeitschrift „Chanoyu Quaterly".

Schon der japanische Kaiser Genkan hatte im 17. Jahrhundert darauf hingewiesen, wie wichtig die Qualität des Teewassers ist. In seinem umfassenden Werk empfahl er unter anderem 14 berühmte Orte zum Schöpfen des Teewassers. Viele der auch später erwähnten Stellen liegen in Kyôto und Umgebung – die meisten sind heute aber abgedeckt und nicht mehr in Gebrauch.

- Von „Rikyûs Quelle" und der „Sansai-Quelle" soll das Wasser für die „Große Teeversammlung" (1787) in Kitano nahe Kyôto entnommen worden sein.
- Die „Pflaumen-Quelle" entspringt auf dem Gelände der Urasenke-Schule in Kyôto.
- Das Wasser von der „Geräusch-der-Flügel-Wasserfälle" nahe des Kiyomizu-Tempels wurde berühmt, weil es das Leben verlängern soll.

Die bedeutendste aber ist die „Samega-Quelle" in Kyôto: Viele Teemeister schätzten ihr reines Gebirgswasser, in der Umgebung ließen die Gründer einiger Teeschulen ihre Häuser bauen, und auch mehrere Tofu-Manufakturen eröffneten ihre Geschäfte in der nahen Horikawa-Straße.

Beim Tee-Festival der Stadt Uji, die südwestlich von Kyôto liegt und wegen ihrer Teegärten berühmt ist, gibt es einmal jährlich ein Ritual: Dafür versammeln sich die Japaner auf der Brücke, die über den Uji-Fluß führt. Denn nur an der Stelle, wo jetzt eine Plattform angebracht ist, kommt man an das Wasser heran, das angeblich von einem Unterwasserpalast oder einer Quelle stammt, die unterhalb einer heiligen Insel im Biwa-See entspringt.

Möglichst frisch und kalkarm

Frisches Quellwasser ist das allerbeste für die Zubereitung des grünen Tees – doch als Ersatz tut es auch ganz normales Wasser aus der Leitung. Erkundigen Sie sich bei Ihrem Wasserversorgungswerk nach der

Japanische Teemeister verwendeten auch viel Mühe darauf, das beste Wasser für den Tee zu wählen.

Wasserhärte, die den Anteil von leicht- und schwerlöslichen Mineralsalzen beschreibt, vor allem von Magnesium- und Kalziumsalzen (Kalk).
Die Definition: Ein Grad Gesamthärte entspricht einem Gehalt von 10 mg Kalziumoxid in einem Liter Wasser.
Für den Geschmack des grünen Tees sollte das Wasser weich sein, Härtegrade bis 7 sind optimal. Bei leicht erhöhtem Härtegrad (bis 14) sollten Sie das Wasser zweimal kurz aufkochen lassen, bevor Sie es wie weiter unten beschrieben über die Teeblätter gießen.

Ionenaustausch bei kalkreichem Wasser

Sollten Sie besonders kalkreiches Wasser haben, empfiehlt es sich, einen Wasserfilter zu benutzen. Damit sich in diesem sogenannten „Ionenaustauscher" keine Keime entwickeln, müssen Sie darauf achten, die Kartusche regelmäßig zu wechseln und das Gefäß zwischendurch immer wieder mal zu reinigen. Wenn Sie skeptisch gegenüber der Wirkung des Aktivkohlefilters sind, können Sie Ihren grünen Tee auch mit heißem Mineralwasser aufgießen – bei großem Bedarf mag das aber eine Kostenfrage werden.

Hartes Wasser beeinflußt zwar den Geschmack des grünen Tees, trinken läßt er sich dann aber trotzdem. Wählen Sie Sorten aus Assam oder Darjeeling, die Blätter der Varietät „assamica“ haben ein weniger feines Aroma als die aus China – sie nehmen es ohne weiteres mit jeder Wasserhärte auf.

Die richtige Wassertemperatur

Mit kochendem Wasser aufgegossen schmeckt grüner Tee nur wie heißes Wasser – und das ist ja wohl keineswegs Sinn der Sache. Damit sich das Aroma der grünen Teeblätter optimal entfalten kann, sollten Sie das Wasser zwar kurz aufkochen, dann aber wieder abkühlen lassen. Im allgemeinen gilt: Kräftigere Grüntees sollten Sie mit 90 bis 75° C heißem Wasser aufgießen, Sorten mit feinem Aroma entfalten sich am besten bei 75 bis 60° C.

Es gibt mehrere Methoden, um den richtigen Zeitpunkt zu bestimmen:

- Lassen Sie das Wasser nach dem Aufkochen drei bis vier Minuten lang im Kessel stehen, dann hat es sich auf etwa 90° C abgekühlt. Nach weiteren zehn Minuten ist es nur noch etwa 75° C warm.
- Kochen Sie das Wasser kurz auf, und geben Sie kaltes Wasser hinzu, um es schneller wieder abkühlen zu lassen. Die Faustregel: Nehmen Sie zwei Teile kochendes Wasser auf einen Teil kaltes Wasser.
- Sie brauchen das Wasser nicht unbedingt aufzukochen und dann wieder abkühlen zu lassen. Die richtige Temperatur kann man nämlich schon am Geräusch hören. Beobachten Sie die aufsteigenden Luftperlen. Das Teewasser ist heiß genug, „wenn es Fischaugen bekommt“ – so beschreiben es jedenfalls die Chinesen.
- Sie können sich ein spezielles Glas-Thermometer zulegen und so die Temperatur messen.
- Mittlerweile gibt es elektrische Kocher zu kaufen, die mit einem Signal melden, daß das Wasser die gewünschte Temperatur hat.

➠ *Wer viel Tee trinkt,* sollte sich einen elektrischen Wasserkocher anschaffen. So sparen Sie Zeit und Energie – der Kessel auf dem Herd braucht jeweils bis zu fünf Minuten länger, um das Wasser zum Kochen zu bringen. Teeliebhaber würden jedoch die Stirn runzeln, wenn Sie das Wasser im Boiler oder in der Mikrowelle erhitzen würden.

Die richtige Dosierung

Wie viele Blätter Sie brauchen, um einen wohlschmeckenden Grüntee zuzubereiten, hängt zunächst erst einmal davon ab, wieviel Wasser Sie in die Tasse (150 ml) oder den Becher (250 ml) gießen. Wenn Sie eine neue Sorte ausprobieren, sollten Sie zunächst lieber niedrig dosieren. Lassen Sie sich von der zarten grünlichen oder gelblichen Farbe des Aufgusses nicht dazu verleiten, mehr Teeblätter zu nehmen – das könnte einen allzu bitteren Geschmack zur Folge haben.

- Probieren Sie es mit 1,5 Gramm (ein gestrichener Teelöffel) pro Tasse und zwei bis drei Gramm pro Becher. Auf einen Liter bezogen kommen Sie auf etwa 11 bis 13 Gramm, das sind etwa vier gehäufte Teelöffel.

Teefreunde, die gern auch feinste Sorten testen, scheuen die hohen Preise nicht. Sie berechnen, daß zum Beispiel ein Grüntee zu 95 Mark (665 Schilling) pro 100 Gramm pro Tasse „nur“ 1,43 DM (10 Schilling) kostet – und das ist ihnen eine gute Qualität schon mal wert. Sie vergleichen ihre Liebhaberei gern mit der eines echten Weinkenners – und der läßt sich ja auch nicht von den Preisen eines edlen Tropfens abschrecken.

Kanne, Tasse & Co.

In China serviert man grünen Tee in Schalen ohne Untertasse, denn den kleinen zusätzlichen Teller führten erst die Europäer im 17. Jahrhundert ein – weil sie gern Zucker und Milch zum Getränk gaben und eine Ablage für den Teelöffel brauchten.

Es gibt aber auch eine Untertassen-Geschichte, die aus der Zeit des Kaisers Tê Tsung (674–680) stammt, die auf die chinesische Teetradition jedoch wenig Einfluß haben sollte: Eine feine Dame wollte ihrem Vater eine Schale Tee bringen. Weil ihr das Gefäß zu heiß zum Anfassen war, servierte sie die Tasse auf einer kleinen Eisenplatte. Um das Rutschen und überschwappen zu vermeiden, probierte sie es beim nächsten Mal mit Bienenwachs, das sie unter die Tasse strich. Aber auch das gefiel ihr nicht sonderlich. Also ließ sie einen kreisförmigen Lackrand in der Mitte der Platte befestigen, so daß der Fuß der Schale genau hineinpaßte.

Und wie kam der Henkel an die Teetasse? Anlaß dafür wird wohl eher der Kaffee gewesen sein, den venezianische Händler 1615 nach Italien brachten und der sich bis 1700 in der europäischen Oberschicht fest etabliert hatte. Der Henkel an der Kaffeetasse muß auch den Briten gefallen haben: Sie tranken seit dem 19. Jahrhundert am liebsten aus Indien importierten Schwarztee. Die fermentierten Blätter gossen sie mit kochend heißem Wasser auf – und ohne Henkel wurden die Teetassen für empfindliche Hände zu heiß.

„China" heißt im Englischen auch „Porzellan"

Der chinesische Dichter und „Teegott" Lu-Yü empfahl blaue Teeschalen, um die grüne Farbe des damals beliebten geschlagenen Tees hervorzuheben. In der späteren Sung-Dynastie stellte man blau-schwarze und dunkelbraune Teeschalen her – sie waren aus dickwandigem harten Steinzeug gefertigt. Im späten 13. Jahrhundert entdeckten die Chinesen schließlich, in welchem Verhältnis man Kaolin, Feldspat und Quarz mischen muß, um feines, weißes Porzellan herstellen zu können.

➠ *Wußten Sie,* daß das Wort Porzellan im Englischen „china" heißt? Mit dem „china" kann man auch das gesamte Geschirr bezeichnen, das auf dem Tisch oder im Schrank steht. Dünnes Porzellan wird mit dem Wort „porcelain" übersetzt.

Schlichte Teeschalen aus Japan

„Wabi", Einfachheit, lautet das Ideal der japanischen Teezeremonie. Einfach sollen auch die Teeschalen sein, daher halten sie sich seit jeher in Form und Farbe zurück. Hoch gerühmt werden heute die Teeschalen des Raku-Typs: Das ist eine grobkörnige Keramik mit einer glatten, matt glänzenden Glasur, die ursprünglich aus Kyôto stammt. Bei den Japanern galten die Teegeräte schon immer als Kostbarkeiten, davon zeugen auch die folgenden Geschichten: Anfang des 15. Jahrhunderts wurden Kriegshelden mit kleinen Teebüchsen geehrt, die sie gern wie Orden am Körper zur Schau trugen. Von dem berühmten Krieger Takeda Shingen weiß man, daß er im Jahr 1569 seinen ärgsten Feind ausspionieren ließ und verwundert feststellen mußte, daß dieser 3000 Goldmünzen für eine einzelne Teeschale gezahlt hatte. Wenig später soll Matsunaga Hisahide, ein japanischer Schloßherr, seine geliebte Teedose absichtlich zerbrochen haben, damit sie nicht in die Hände der anrückenden Gegner fiel.

Samurai zerbrach Teeschale

Über Kato Kiyomasa (1562–1611) erzählt man sich eine Anekdote, in der es um eine zerbrochene Teeschale und den Ehrenkodex der Samurai-Krieger geht: Kato Kiyomasa soll eine einzigartige Schale besessen haben, von der man im ganzen Land wußte. Bei einer Teezeremonie, bei der der Hausherr nicht zugegen war, ging das kostbare Stück von Hand zu Hand, und alle Vasallen rühmten seine schlichte Schönheit. Doch es kam, wie es kommen mußte. Ein Samurai ließ die Teeschale versehentlich fallen, sie zerbrach in viele Stücke. Jeder wußte, was die Strafe für solch ein Mißgeschick war – der rituelle Selbstmord mit dem Schwert.

Als Kato zurückkam und nach dem Täter fragte, meldete sich niemand. Schließlich äußerte sich der jüngste aller Krieger: „Sollte ein Feind hier eintreffen, so würden wir alle aufspringen und unser Leben ohne Zögern für unseren Herrn einsetzen. Was hat es aber für einen Sinn, das Leben eines wertvollen Kriegers wegen einer Schale – mag sie noch so kostbar sein – zu opfern?“ Einem solch vernünftigen Argument konnte auch Kato nichts entgegensetzen, er drückte – Ehrenkodex hin oder her – ein Auge zu und mußte nur den Verlust seiner geliebten Teeschale verschmerzen.

In Japan sind einige Töpfer so hoch angesehen, daß sie den Ehrentitel „lebender Staatsschatz“ tragen. Daher ist es auch kein Wunder, daß einige Sammler viel Geld für Keramiken aus berühmten Werkstätten ausgeben – und dennoch wenden Teeliebhaber ein, daß auch die schönste Schale eigentlich nicht hinter Glas ins Museum gehöre. Die Gäste der Teezeremonie sollen sie in die Hand nehmen und anschauen, sie sollen aus ihr trinken und sie bewundern. Nur im Gebrauch zeige sich, ob die Wandung die richtige Stärke hat und ob die Glasur gelungen ist.

➡ *Wußten Sie,* daß die Japaner im Sommer flache, offene Teeschalen und im Winter tiefere, geschlossenere Formen bevorzugen? In den einen kühlt das heiße Wasser schneller ab, die anderen halten die Wärme länger.

Johann Friedrich Böttger erfand das „weiße Gold“

Der grüne Tee gelangte 1610 nach Amsterdam, und bald darauf wurde auch das blauweiße Porzellangeschirr aus China hoch gehandelt – die bis dahin bekannte Irdenware erschien den Europäern der feinen Gesellschaft wohl doch allzu profan.

Daß der Berliner Alchimist Johann Friedrich Böttger schließlich entdeckte, wie man Porzellan produziert, ist eher einem Zufall zu verdanken. Er hätte auch die chinesische Literatur durchforsten können, denn dort hätte er ausreichende Anleitungen gefunden. Böttger aber wollte – wie viele andere Chemiker zuvor – aus allerlei chemischen Substanzen etwas mischen, was ihm nicht nur Ruhm und Ehre, sondern auch viel Geld einbringen sollte: Er war von dem Traum beseelt, in seinem Labor Gold herzustellen.

Meißener Porzellan lange vorbildlich

Bei seinen zahlreichen Versuchen erfand er das sogenannte „rote Böttger-Steinzeug", später dann das gelbliche und um 1717 schließlich das weiße Porzellan – es ging als „weißes Gold" in die Geschichte ein. Angetan von der Zartheit des Porzellans gründete August der Starke, prunkliebender König von Polen und Kurfürst von Sachsen, zunächst eine Manufaktur in Dresden. Wenig später verlegte er sie auf die Albrechtsburg zu Meißen – das dort hergestellte Porzellan war jahrzehntelang Vorbild für die Form- und Farbgebung des Geschirrs in Europa.

☞ **Tip:** Waschen Sie Ihr Teegeschirr nur mit heißem Wasser ab, Spülmittel würden den Geschmack beeinträchtigen. Wenn Sie den grünen Tee – wie empfohlen – ohne Zusatz von Milch und Zucker trinken, brauchen Sie auch gar keine fettlösenden Substanzen im Abwaschwasser, um die Tassen zu reinigen.

Teekannen – bauchige Formen und doch so verschieden

Kennen Sie die Kippkanne, die sich der englische Earl of Dundonald patentieren ließ? SYP – „simple yet perfect" – lautete der Slogan des Erfinders, denn die 15 Zentimeter hohe Teekanne stellt man zuerst flach hin, damit das heiße Wasser die Teeblätter umspülen kann, und wenn der Tee lange genug gezogen hat, richtet man sie auf. So bleiben die Teeblätter im oben eingebauten Siebfach zurück, sie werden vom Tee getrennt, ohne daß man sie absieben muß. Auch heute noch gibt es solche Kippkannen in Spezialgeschäften zu kaufen, ältere Exemplare können Sie zum Beispiel im Londoner „Bramah Tea & Coffee Museum" bewundern.

Für grünen Tee empfehlen sich bauchige Teekannen aus Porzellan oder Steingut, das Farbenspiel läßt sich aber am besten in einer Glaskanne beobachten. Vergleichen Sie verschiedene Kannen, und erkundigen Sie sich auch nach der formschönen Glaskanne, die der Designer

Tassilo von Grolman als Halbkugel entworfen hat: Sie wird von einem Gestell aus Chromnickelstahl gehalten und faßt 1,2 Liter. Vorteilhaft für das Zubereiten des grünen Tees ist, daß die Blätter viel Platz in dem großen, halbkugelförmigen Edelstahlsieb haben und sich unbehindert ausdehnen können.

Zwei Kannen, um das Aroma zu bewahren

Wenn Sie abwechselnd grünen und schwarzen Tee trinken, empfiehlt es sich, eine Extrakanne zu kaufen. So wird das feine Aroma der unfermentierten Teeblätter nicht durch den intensiveren Geschmack des Schwarztees überlagert. Wenn Sie die Teeblätter ohne Sieb oder Filter direkt in die Kanne geben, brauchen Sie sogar eine zweite Kanne: Dann übergießen Sie die Blätter in der einen mit heißem Wasser und gießen den grünen Tee durch ein Sieb in die andere. Teeliebhaber halten nicht viel von elektrischen Teemaschinen, da ihnen so das Gefühl für die Zubereitung verlorengeht. Für einfache grüne Tees eignet sich diese praktische Methode aber auch.

Teeblätter müssen schwimmen können

Grüne Teeblätter verdoppeln ihr Volumen, wenn Sie sie mit heißem Wasser aufgießen. Daher brauchen Sie ein Sieb, das den Blättern genügend Platz zum Ausdehnen gewährt.

- Die Faustregel: Füllen Sie das Teesieb höchstens halbvoll, sonst kommt nicht genügend Wasser an die Blätter.

Entscheidend für das Aroma des grünen Tees ist das Material des Teefilters: Es eignen sich Einmalfilter aus Zellstoff – bei weißem Papier sollten Sie darauf achten, daß es chlorfrei gebleicht ist. Metallsiebe sollten aus Edelstahl sein, damit sie keinen Geschmack an das Wasser abgeben.

Nicht bewährt haben sich hingegen Baumwollnetze. Sie sehen schon nach mehrmaligem Gebrauch nicht mehr allzu appetitlich aus, und es ist auch fraglich, ob sie dann wirklich noch hygienisch und geschmacksneutral sind. Auch von Tee-Eiern wird abgeraten: Sie eignen sich höchstens für eine Tasse Grüntee, doch für größere Mengen bieten sie den Blättern nicht genügend Platz – zudem kann nicht genug Wasser durch die Löcher ins Innere gelangen.

Special: Einladung zum Grünen Kung-Fu-Tee

Ausgefeilt und etwas mühselig ist die Art, den aus der chinesischen Provinz Fukien stammenden Kung-Fu-Tee zuzubereiten. Die Methode haben die im südlichen Fukien und im nördlichen Kwangtung lebenden Chinesen entwickelt, auch die Taiwanesen sind mit den – für Neulinge komplizierten – Regeln vertraut. Die winzigen Tassen und Kannen, die an Geschirr für die Puppenstube erinnern, kann man heute noch in China günstig kaufen. Sie sind den Originalen nachempfunden, die wahrscheinlich aus der Sung-Zeit (961–1278) stammen.
Bei einer solchen Tee-Einladung sitzen bis zu vier Personen am Tisch:
Rechts von dem Gastgeber stehen ein kleiner Holzkohleofen aus Steingut und ein Wasserkessel, daneben liegen ein eiserner Schürhaken und ein Fächer aus getrockneten Bananenblättern. Der Fächer soll leicht beschädigt sein, da nach einem alten Glauben nichts vollkommen sein kann, was nicht ein klein wenig unvollkommen ist.

Wasser läuft ins „Tee-Boot"

Vor dem Gastgeber steht ein rundes Warmhaltegefäß. Hinzu kommen das Teekännchen, das meist nicht größer als eine Mandarine ist und in eine kleine Schale gestellt wird, das sogenannte „Tee-Boot", sowie die Steingut- oder Porzellantassen, die oft nicht größer als der obere Teil des Daumens sind: sie stehen auf einem Porzellan-Tablett bereit.
Wenn „der Deckel des Kessels klappert und Dampfwolken aufsteigen", gießt der Teemeister etwas kochendes Wasser in die kleine Kanne und läßt es absichtlich in das Tee-Boot überlaufen, damit die Kanne von innen und von außen vorgewärmt wird. Der Gastgeber gießt das heiße Wasser ab und füllt das Kännchen zu einem Drittel mit grünem Kung-Fu-Tee.
Der nächste Schritt heißt „die Blätter waschen": Mit einer kreisenden Bewegung gießt der Teemeister kochendes Wasser in Kanne und Tee-Boot, setzt sogleich den Deckel oben auf und schüttet das Wasser kurz darauf wieder weg.

Getrunken wird erst der zweite Aufguß. Dafür füllt der Teemeister das Kännchen noch einmal mit heißem Wasser und läßt den Tee nicht länger als 30 Sekunden ziehen. In dieser Zeit spült er die Tassen aus und wärmt sie mit heißem Wasser vor.

Eingießen mit Schwung

Das Eingießen des Kung-Fu-Tees will gelernt sein: Die winzigen Tassen stehen zwar dicht bei dicht auf dem Tablett – die Kunst aber ist, sie mit einer kreisenden Bewegung nahezu gleichzeitig zu füllen, ohne allzuviel Tee dabei zu verschütten. Auch wenn man die Tassen mit einem Schluck leeren könnte, gebietet es doch der Anstand, den Tee langsam zu genießen.
Der Gastgeber kann die Blätter noch dreimal aufgießen, dann ziehen sie aber nur jeweils zehn Sekunden. So kommt jeder Gast bei einer Einladung auf vier kleine Tassen Kung-Fu-Tee.

➡ *Wußten Sie,* daß das chinesische Wort „Kung-Fu“ jede Aktivität bezeichnet, die Zeit und Mühe kostet? Der Begriff kann sich auf kriegerische Taktiken oder auf Körperübungen – wie Qi Gong und Tai Chi Chuan – beziehen, aber auch auf die meisterliche Zubereitung des Tees.

Stövchen – ja oder nein?

Je länger Sie grünen Tee warm halten, desto mehr verliert er sein Aroma, und auch die Menge der Inhaltsstoffe nimmt langsam ab. Um das Farbenspiel besonders gut beobachten zu können, sollten Sie eine Glaskanne benutzen und sie auf ein Stövchen stellen – doch lassen Sie sich nicht dazu verleiten, den Tee allzu lange heiß zu halten. Besser ist es, über den Tag verteilt kleinere Mengen zuzubereiten und den Grüntee in der Kanne langsam abkühlen zu lassen.
Sie können auch ausprobieren, ob Ihnen der grüne Tee aus einer Thermoskanne schmeckt. Wichtig ist dann aber, daß Sie das Gefäß weder für schwarzen Tee noch für Kräutertee oder Kaffee benutzen.

Die klassische Teezubereitung

„Abwarten und Tee trinken“ – diese Redewendung ist wahrscheinlich in bezug auf den schwarzen Tee entstanden, der wesentlich länger als der grüne ziehen muß. Wenn Sie die grünen Teeblätter mit heißem

Wasser aufgießen, brauchen Sie nur 60 bis 90 Sekunden lang zu warten, um das Getränk genießen zu können.
Nur bei der japanischen Teezeremonie, bei der das grüne Pulver in der Tasse geschlagen wird, kann es schon mal eine halbe Stunde dauern, bis Ihr Gastgeber den Tee serviert. Doch das liegt weniger an der Zubereitungsart des Matcha, sondern an den genau festgelegten Handlungen, die traditionell zu dem im 16. Jahrhundert entwickelten Ritual gehören (siehe S. 115 ff.).

Empfohlen im Buch „Ch'a Shu"

Die chinesische Teetradition geht auf das Handbuch „Ch'a Shu" zurück, das aus der Ming-Dynastie (1368–1644) stammt. Zu dieser Zeit war der Lose-Blatt-Tee beliebt, er verdrängte den bis dahin favorisierten Ziegeltee. Ungewöhnlich an der Ch'a-Shu-Zubereitung ist, daß die Blätter nicht mit heißem Wasser übergossen werden, sondern in eine bereits mit Wasser gefüllte Kanne gegeben werden. Die andere Kuriosität: Man trinkt eine Mischung des ersten und zweiten Aufgusses. Ein dritter Aufguß sei ungenießbar, so das Handbuch. Hier die überlieferte Anleitung:

- Gießen Sie kochendes Wasser in eine Teekanne, und geben Sie pro Tasse (150 ml) einen gestrichenen Teelöffel Grüntee hinzu.
- Schließen Sie die Kanne mit dem Deckel, und warten Sie solange, „wie es dauert, dreimal ein- und auszuatmen".
- Füllen Sie den Tee in die Tassen, gießen Sie ihn aber sofort wieder zurück in die Kanne. Atmen Sie den Duft ein, der bei dem Umfüllen ausströmt.
- Warten Sie „nochmals drei Atemzüge lang, damit die Blätter sich setzen können". Schenken Sie den Tee in die Tassen, und lassen Sie sich diesen Aufguß schmecken.

➠ *Wußten Sie,* daß es in Nordchina auch heute noch üblich ist, den Mund nach dem Essen mit Tee auszuspülen? Das Handbuch „Ch'a Shu" empfahl, den dritten Aufguß dafür zu nehmen. Diese alte Sitte könnte, wenn es nach der heutigen Karies-Forschung ginge, wieder ganz modern werden (siehe S. 85).

Kein Geiz – mehrere Aufgüsse

Die „Blätter zu waschen", das heißt den ersten Aufguß wegzugießen und nicht zu trinken, empfehlen auch heute noch einige Teekenner. Ziel dabei ist aber weniger das Säubern der Blätter, sondern eher das erste

Ausschwemmen der Gerbstoffe und des Koffeins. Beim zweiten Aufguß schmeckt der grüne Tee weniger bitter. Er ist auch weniger anregend. Sie brauchen sich nicht zu scheuen, die Blätter ein weiteres Mal mit heißem Wasser aufzugießen – denn Sie gelten damit nicht als geizig, sondern bezeugen nur, daß Sie sich mit grünem Tee auskennen.
Feine Grüntee-Sorten können Sie bis zu viermal aufgießen – und jeder Aufguß schmeckt etwas anders. Das Verfahren hat noch einen anderen wichtigen Vorteil: Es reduziert die Kosten des Getränks.
Vielleicht haben Sie ja Lust, Ihren noch ungläubigen Gästen gegenüber einen weisen Spruch der Chinesen zu zitieren:

Der erste Aufguß für den Geschmack.
Der zweite Aufguß für den Genuß.
Der dritte Aufguß für das Auge.
Der vierte Aufguß für die Entspannung.

☞ **Tip:** Wer erst am folgenden Tag einen weiteren Aufguß machen will, sollte die noch feuchten Teeblätter auf einem Teller zum Trocknen ausbreiten. Denken Sie daran, daß Tee schnell Küchengerüche annimmt: Decken Sie den Teller entweder ab, oder stellen Sie ihn an einen geruchsneutralen Ort. Vergewissern Sie sich vor dem Aufgießen immer, daß die Teeblätter nicht schimmelig geworden sind.

Ohne Milch und Zucker

Vielleicht müssen Sie sich erst an den herb-feinen Geschmack des grünen Tees gewöhnen, aber deshalb sollten Sie nicht gleich auf die Idee kommen, Milch und Zucker unterzurühren. Denn was für schwarzen Tee und Kaffee gilt, läßt sich nicht auf den Grüntee übertragen: Traditionell genießt man ihn ohne jegliche Zusätze, auch Honig und Zitrone sind bei Teeliebhabern verpönt.
Haben Sie dennoch Lust, mit grünem Tee zu experimentieren? Dann lassen Sie sich von den Rezepten ab Seite 109 anregen, die vom Schwarztee übernommen wurden, wie er in England, Holland und Ostfriesland beliebt ist.

Die Methode für zwei Teekannen

Wer die Teeblätter nicht 90 Sekunden lang im Papierfilter oder im Sieb schwimmen lassen will, kann sie ebensogut lose in eine Kanne geben. Wenn die Ziehzeit abgelaufen ist, gießen Sie den grünen Tee aus dieser

Kanne durch einen Papierfilter oder ein Edelstahlsieb in eine zweite Kanne. So brauchen Sie zwar etwas mehr Geschirr, aber Sie können sich sicher sein, daß der Tee keinerlei Rückstände aus dem Filter- oder Siebmaterial enthält. Denken Sie daran, daß Sie beide Kannen weder für schwarzen Tee noch für Kräutertee benutzen sollten.

☞ **Tip:** Gießen Sie den Tee jedesmal ganz aus, damit die Blätter bis zum nächsten Aufguß nicht im Wasser schwimmen. Sonst entziehen Sie den Blättern das ganze Aroma und alle Wirkstoffe, und der folgende Aufguß würde nicht mehr schmecken.

Eine Tasse nach der anderen

Sie können den grünen Tee auch portionsweise zubereiten. Nehmen Sie dafür eine größere Tasse oder Schale, ein Becher mit Deckel wäre in diesem Fall auch angebracht.

- Geben Sie einen gestrichenen Teelöffel grünen Tee in das Gefäß.
- Gießen Sie das heiße Wasser darüber, und lassen Sie den Tee 90 Sekunden lang ziehen. Die Blätter sinken dabei allmählich auf den Boden der Tasse.
- Rühren Sie den Tee nicht um, sondern trinken Sie ihn vom Blatt.
- Für den zweiten Aufguß gießen Sie noch einmal heißes Wasser nach.

Abschreckendes Beispiel aus Kaschmir

Grünen Tee können Sie auf mehrere Arten zubereiten – aber die Methode, wie sie in Kaschmir weit verbreitet ist, sollten Sie auf keinen Fall ausprobieren. In der Hochgebirgsregion Vorderindiens ist es üblich, die Teeblätter fünf Stunden lang zu kochen, den Extrakt mit Wasser aufzufüllen und ihn dann mit Soda und Kochsalz zu „würzen“. Wissenschaftler haben diese Zubereitungsart im Tierversuch getestet und festgestellt, daß sich so vermehrt Krebsgeschwülste bilden.

In Kaschmir treten vor allem Speiseröhren- und Magenkrebs auf, die Inhaltsstoffe des grünen Tees sollen dafür aber nicht die Ursache sein. Die wahren Gründe: Bei der oben beschriebenen Teezubereitung entstehen krebserzeugende Nitrosamine. Verdächtig erscheint den Wissenschaftlern aber auch, daß die Menschen in Kaschmir nicht nur große Mengen dieses Tees trinken, sondern ihn auch kochendheiß hinunterschlucken.

Zeit für eine private Teezeremonie

Hand aufs Herz: Hetzen Sie häufig von einem Termin zum nächsten, ohne sich ein paar Minuten Pause zu gönnen? Legen Sie mehr Wert auf Aktivitäten als auf Ihre Erholung? Das atemlose Tempo werden Sie auf Dauer wahrscheinlich nicht durchhalten können: Ihre persönliche Leistungskraft leidet, wenn Sie sich nicht ab und zu immer wieder mal kurz entspannen.

Gönnen Sie sich ein wenig Ruhe im Alltag, und genießen Sie Ihre private Teezeremonie.

Es gibt viele Möglichkeiten, zwischendurch eine Verschnaufpause einzulegen – eine davon könnte Ihre ganz persönliche Teezeremonie sein. So wie die Engländer traditionell auf ihrem „five o' clock tea" bestehen und die Ostfriesen ihre nachmittägliche Teestunde abhalten, können auch Sie es sich zur Gewohnheit machen, Ihren grünen Tee zu genießen. Zur Entspannung bietet es sich jedoch an, den Tee allein zu trinken und sich mindestens eine halbe Stunde lang nicht stören zu lassen.
Schon das chinesische Handbuch „Ch'a Shu" empfahl 24 verschiedene Gelegenheiten zum Teetrinken: in Augenblicken der Muße etwa, in

Zeiten voller wirrer Gedanken, bei schönem Wetter oder bei verhangenem Himmel, beim Leben in der Abgeschiedenheit, beim Beobachten vorbeigleitender Boote und „wenn die Blumen Knospen tragen und die Vögel zwitschern".

So gelingt Ihre persönliche Teezeremonie

- Wählen Sie einen Platz in der Wohnung, an dem Sie sich wohl fühlen. Räumen Sie alles aus dem Weg, was Sie an unerledigte Arbeiten erinnern könnte, und dekorieren Sie Ihre „Tee-Ecke" mit Dingen, an denen Sie sich freuen. Vielleicht finden Sie auch an Ihrem Arbeitsplatz eine Nische, in der Sie sich für eine Weile zurückziehen können. Wie wäre es mit einem Platz am Fenster oder einer stillen Ecke abseits vom Trubel?
- Sorgen Sie dafür, daß Sie eine halbe Stunde lang nicht gestört werden. Stecken Sie das Telefon aus, oder schalten Sie den Anrufbeantworter ein, und informieren Sie Ihre Mitmenschen, daß Sie sich eine Weile zurückziehen möchten.
- Bereiten Sie den grünen Tee zu, und versuchen Sie dabei, sich allmählich von Ihren Alltagsproblemen zu lösen. Warten Sie bewußt auf das Kochen des Teewassers, nehmen Sie den Duft des frischen Tees wahr, und freuen Sie sich auf die Zeit, die Sie für sich ganz allein haben.
- Setzen Sie sich in Ihre Tee-Ecke, und genießen Sie den Tee Schluck für Schluck. Beobachten Sie Ihren Körper: Welche Stellen sind entspannt, schwer und warm? Konzentrieren Sie sich auf die noch angespannten Partien, und versuchen Sie, diese zu lockern. Atmen Sie bewußt ein und aus, und achten Sie auf Ihren gleichmäßigen Herzschlag.
- Lassen Sie sich nicht von den Geräuschen stören, die um Sie herum sind. Falls Sie sich davon ablenken lassen, können Sie sich in Gedanken den Satz „Geräusche sind ganz gleichgültig" vorsagen. Oder Sie legen eine beruhigende Musik auf, die Sie – im Büro vielleicht über Kopfhörer – anhören. Wenn Sie wollen, können Sie zur Entspannung speziell komponierte „Tee-Musik" anhören und bei den Klängen von chinesischen und japanischen Instrumenten Ihre Seele baumeln lassen.

Heiß oder mit Eis – Rezepte mit grünem Tee

Das Getränk ist neu auf dem europäischen Markt: Die Flasche hellgrün, darauf gemalte rosa blühende Kirschbäume, bunte Blütenornamente auf der Manschette rund um den Verschluß. So kitschigschön wird das Gemisch aus grünem Tee, Ginseng und Honig angeboten – gesund ist es allemal. Denn nicht nur der grüne Tee, sondern auch die in Ostasien heimische Ginsengwurzel gilt als Heilmittel. Sie soll den Appetit anregen, den Blutdruck senken und die Zeugungskraft stärken.
Wenn Sie beim Lesen dieses Buches auf den Geschmack gekommen sind, mögen Sie vielleicht die folgenden Rezepte selbst ausprobieren.

Grüner Eistee für heiße Tage

Zutaten:
6 gestrichene TL Grüntee
Eiswürfel
Zubereitung: 1 l Wasser zum Kochen bringen, 10 Minuten abkühlen lassen. Kleine Menge über die Teeblätter gießen, so daß sie bedeckt sind. Ersten Aufguß nach 30 Sekunden weggießen. Restliches Wasser über die feuchten Blätter geben und 60 Sekunden lang ziehen lassen. Tee durch ein Sieb in eine zweite Kanne gießen, abkühlen lassen und in den Kühlschrank stellen. Mit Eiswürfeln in Gläsern servieren.

Mehr Energie mit grünem Tee

Zutaten:
6 gestrichene TL Grüntee
1–2 TL Honig oder Ahornsirup
einige Tropfen Zitronen- oder Pampelmusensaft
Zubereitung: Grüntee wie für Eistee zubereiten (siehe oben). Vor dem Kühlen in ein Gefäß geben, das zuvor weder für Schwarztee noch für Kaffee benutzt wurde. Honig oder Ahornsirup zugeben und unterrühren. Tee abkühlen lassen und in den Kühlschrank stellen. Vor dem Servieren je nach Geschmack etwas Zitronen- oder Pampelmusensaft hinzugeben.

☞ **Tip:** Damit das Getränk auf der Zunge prickelt, können Sie vor dem Servieren 1 Glas Mineralwasser in den Grüntee geben. Wer viel Sport treibt, sollte den Tee mit 1 Prise Salz trinken – das löscht den Durst und führt dem Körper wichtige Mineralstoffe zu.

Das Grundrezept für grünen Tee

Wenn Sie zum ersten Mal einen grünen Tee zubereiten, können Sie sich an das folgende Grundrezept halten. Nach einigen Versuchen finden Sie heraus, ob Ihnen der Tee besser schmeckt, wenn Sie etwas mehr Blätter als angegeben nehmen oder sie maximal drei Minuten lang ziehen lassen. Das Ergebnis variiert zudem von Sorte zu Sorte: Je feiner der Tee ist, desto niedriger sollte im allgemeinen die Temperatur des Wassers sein. Experimentieren Sie mit der Anzahl der Aufgüsse, zwei sind häufig möglich und auch sinnvoll.

- Messen Sie den Inhalt Ihrer Teekanne und Ihrer Teetassen. So können Sie berechnen, welche Menge Grüntee Sie brauchen.
- Füllen Sie die Teekanne und die Tassen mit heißem Wasser, um sie anzuwärmen.
- Kochen Sie das Wasser kurz im Kessel oder im Elektro-Wasserkocher auf, und lassen Sie es zehn bis zwölf Minuten lang auf ca. 70° C wieder abkühlen. Stellen Sie sich dafür einen Küchenwecker.
- Leeren Sie die Kanne, geben Sie pro Tasse (150 ml) einen gestrichenen Teelöffel grünen Tee in einen Papier-Teefilter oder ein großes Sieb aus Edelstahl. Hängen Sie Filter oder Sieb in die Kanne, und gießen Sie das heiße Wasser hinein.
- Lassen Sie den grünen Tee 90 Sekunden lang ziehen. Leeren Sie währenddessen die Teetassen, und reiben Sie sie außen trocken.
- Gießen Sie das heiße Wasser in die Kanne, und servieren Sie den grünen Tee.
- Wenn Sie Teeschalen (ohne Henkel) benutzen, sollten Sie sie nicht ganz voll gießen – sonst wird der Rand zu heiß zum Anfassen.
- Für den zweiten Aufguß bleiben die bereits feuchten Teeblätter nur eine Minute im heißen Wasser.

☞ **Tip:** Vor allem im Winter ist es sinnvoll, die Kanne und die Tassen vorher anzuwärmen. Wer aber nicht soviel Zeit hat, kann sich diesen Arbeitsgang auch sparen.

Weniger anregend und milderes Aroma
Wenn Ihnen der nach dem Grundrezept zubereitete Grüntee zu bitter schmecken sollte und Sie das Gefühl haben, daß er allzu anregend wirkt, können Sie diese Variante wählen:

- Gießen Sie wenig kochendes Wasser über die Teeblätter, lassen Sie den grünen Tee 30 Sekunden lang ziehen, und gießen Sie diesen Aufguß weg.
- Füllen Sie erneut heißes Wasser über die Teeblätter, sie bleiben 30 Sekunden lang in der Kanne. Genießen Sie diesen zweiten Aufguß, er ist milder und weniger anregend.

➡ *Wußten Sie,* daß sich das Koffein sofort im heißen Wasser löst, und die Gerbstoffe erst später in den grünen Tee übergehen? Eine Ziehdauer von 30 Sekunden hat also einen besonders anregenden Grüntee zur Folge. Nach fünf Minuten ist das Aroma kräftiger und der Tee wirkt weniger anregend.

Bananenmilch – mal etwas anders
Zutaten:
1 reife Banane
2 Tassen Milch
1 gestrichener TL Matcha-Pulver
Honig, Vanillezucker, Puderzucker oder Ahornsirup nach Geschmack
Zubereitung: Banane in Stücke schneiden und mit dem Mixer pürieren. Milch und Teepulver zugeben und zu einem dickflüssigen Getränk mischen, nach Geschmack süßen. In hohe Gläser füllen, mit Fruchtscheiben und Trinkhalm dekorieren.

Mit Teepulver kochen
Hätten Sie Lust, Pfannkuchen oder Nudeln grün zu färben? Dazu können Sie Grünteepulver benutzen. Die Rezepte sind für vier Personen berechnet.
Grüne Eierkuchen: 2 gehäufte TL Matcha-Pulver eßlöffelweise mit 4 Tassen Milch anrühren. Mit 4 Tassen Mehl, 8 Eiern und 1/2 TL Salz zu einer gleichmäßigen Masse verrühren. 1 EL Öl in der Pfanne erhitzen, Teig löffelweise hineingeben und zu dünnem Eierkuchen backen. Nach Geschmack mit Zucker, Honig, Preiselbeermarmelade oder Ahornsirup süßen. Weitere Eierkuchen in heißem Öl ausbacken.

Grüne Bandnudeln: 400 g Mehl auf die Arbeitsplatte häufen, in die Mitte eine Mulde drücken. In einer Schüssel 4 Eier, 1 EL Öl, 1 Messerspitze Salz und 2 gestrichene TL Matcha-Pulver mischen. Alle Zutaten in die Mehlmulde geben und vom Rand her mit dem Mehl mischen. 1 EL kaltes Wasser zugeben, eventuell 1 bis 2 TL mehr nehmen. Die Masse 10 Minuten wiederholt kneten, platt drücken und auf die Arbeitsplatte schlagen, bis der Teig glatt und elastisch ist. Den Teig auf der bemehlten Arbeitsplatte dünn ausrollen, mit etwas Mehl bestauben und eng zusammenrollen. Mit dem Messer gleichmäßige Scheiben schneiden, Nudeln auseinanderrollen und trocknen lassen. 3 l Wasser in einem großen Topf aufkochen, 3 TL Salz und einen Schuß Öl zugeben. Die frischen Bandnudeln 2 bis 4 Minuten kochen, sie sollen nicht zu weich werden.

☞ **Tip:** Den Nudelteig können Sie auch in eine Nudelmaschine geben, darin walzen Sie ihn platt und können verschiedene Formen schneiden. Wem das Selbermachen zu mühselig ist, kann mit Grünteepulver gefärbte Nudeln auch in Asien-Läden erhalten.

Desserts und Teegebäck

Was würden Sie denken, wenn Ihnen jemand nach dem Essen einen quietschgrünen Pudding, ein hellgrünes Meerrettich-Eis oder leuchtend grüne Kekse servieren würde? Grün ist nicht gerade eine der beliebtesten Farben für den Nachtisch – wenn man einmal von den hellgrünen, süß schmeckenden Pistazien absieht, die im östlichen Mittelmeerraum als Früchte des Pistazienbaumes geerntet und roh oder geröstet, gehackt oder gehobelt verwendet werden. Grünlich färbt auch der in Buchenwäldern wachsende Waldmeister (Maikraut), der sich für Bowlen, Gelees und Süßspeisen eignet.

Eis mit Meerrettich

Wenn Sie in einem japanischen Restaurant essen, können Sie als Nachspeise Wasabi-Eis probieren. Das Wasabi-Pulver wird aus Rettich gewonnen, wegen der enthaltenen ätherischen Senföle schmeckt es recht scharf. Zu dem Pulver, dem etwas Grünteepulver beigemischt ist, gibt man ein paar Tropfen Wasser und erhält so eine Paste. Beim „Würzen“ sollten Sie sparsam mit der grünlichen Paste umgehen, eine Messerspitze genügt oft schon.

➠ *Bedenken Sie,* daß das Tee-Pulver aus einem sehr anregenden Schattentee hergestellt wird. Wenn Sie empfindlich auf Koffein reagieren, sollten Sie nicht zuviel von dem Gebäck und den Desserts essen und wenige Stunden vor dem Schlafengehen lieber ganz darauf verzichten.

Matcha-Eistorte

Zutaten:
6 Baisers oder Meringues
100 g Zartbitter-Schokolade
100 g Krokant
2 gestrichene TL Matcha-Pulver
500 ml Sahne
Fett für die Springform

Zubereitung: Teepulver mit etwas Sahne glattrühren. In einem Gefäß restliche Sahne steif schlagen, etwas für die Dekoration abnehmen. Zerkrümelte Baisers, geraspelte Schokolade und Krokant in eine Schüssel geben, gut mischen und löffelweise unter die geschlagene Sahne heben. Die Hälfte der Masse in eine zweite Schüssel geben und mit dem Grüntee färben. Springform leicht einfetten, erst die helle und dann die grüne Masse hineingeben, Oberfläche mit einem Messer glatt streichen. Torte im Tiefkühlfach einfrieren und vor dem Servieren mit weißen Sahnehäubchen dekorieren.

Grüne Vanillecreme

Zutaten:
3 Eigelb
60 g Puderzucker
2 Päckchen Vanillezucker
2 gestrichene TL Grünteepulver
1 gehäufter TL Agar-Agar
400 ml Schlagsahne

Zubereitung: Eigelb in eine Schüssel geben und mit Zucker, Vanillezucker und Grünteepulver so lange rühren, bis eine cremige Masse entsteht. Agar-Agar mit 1/2 Tasse Wasser und 1 Tasse Sahne kurz aufkochen und bei kleiner Flamme so lange rühren, bis die Masse geliert. Restliche Sahne steif schlagen und die anderen Zutaten vorsichtig unterrühren. Abgedeckt zwei Stunden lang in den Kühlschrank stellen.

☞ **Tip:** Wenn Sie vor dem Färben von der Schlagsahne etwas abnehmen, können Sie sie später als Sahnehäubchen auf die grüne Vanillecreme spritzen. Was genau Agar-Agar ist, erfahren Sie auf Seite 122.

Teeblätter zum Knabbern

Zutaten:
400 g Mehl
150 g Puderzucker
2 gestrichene TL Grünteepulver
1 Prise Salz
250 g Butter
1 großes Ei

Zubereitung: Mehl mit Puderzucker, Grünteepulver und Salz mischen, auf eine Arbeitsplatte häufen und eine Mulde in die Mitte drücken. Die kalten Butterwürfel und das Ei hineingeben, alles mit einem großen Messer zu Krümeln hacken und mit den Handballen schnell zu einem festen, aber nicht bröseligen Teig kneten. Masse zu einer Kugel formen, in Klarsichtfolie wickeln und 1 Stunde im Kühlschrank ruhen lassen. Mürbeteig auf eine bemehlte Arbeitsplatte legen und dünn ausrollen. Ausstechförmchen (Blätterform) in etwas Mehl tauchen und Kekse ausstechen. Backblech mit Backpapier auslegen und die Kekse mit etwas Abstand voneinander darauf setzen. Im vorgeheizten Backofen auf der mittleren Schiene bei 200° C je nach Teigdicke 5 bis 12 Minuten backen. Keksblätter auf einem Kuchengitter auskühlen lassen. Am nächsten Tag in eine Blechdose schichten, zwischen die einzelnen Lagen Pergamentpapier legen.

JAPANISCHE TRADITIONEN RUND UM DEN GRÜNEN TEE

Der Großmeister Sen Rikyû entwickelte im 16. Jahrhundert die Regeln, die auch heute noch für die Teezeremonie gelten. Doch mit der Zubereitung des Matcha allein ist es nicht getan: Vor dem Tee reicht der perfekte Gastgeber selbstgemachte Süßigkeiten (Wagashi). Es gibt aber auch Teezeremonien, bei denen die Gäste ein leichtes Gericht (Kaiseki) serviert bekommen. Dafür braucht man schon etwas mehr Zeit, das gesamte Essen samt Teezubereitung kann bis zu fünf Stunden dauern.

Die Matcha-Zeremonie

Im Prinzip wäre es ja ganz einfach: Man koche Wasser auf und lasse es auf etwa 60° C wieder abkühlen. Währenddessen fülle man einen gestrichenen Teelöffel Matcha-Pulver in eine große, vorgewärmte Teeschale. Schließlich gieße man heißes Wasser in die Schale, bis sie etwa halbvoll ist. Mit einem Bambusbesen schlage man den Tee in wenigen Sekunden schaumig. Mehr braucht man eigentlich nicht zu tun, um das leuchtend grüne Getränk trinken zu können.

Doch das, was sich hier so einfach anhört, haben die Japaner seit dem 16. Jahrhundert zu einer Kunst erhoben – für die Teezeremonie wurden bis zu 200 verschiedene Arten entwickelt, den Matcha kunstvoll zuzubereiten. Jeder Handgriff ist dabei genau festgelegt, jede Geste hat eine ganz spezielle Bedeutung für den gesamten Ablauf.

Die höchsten Weihen erhält eine Teezeremonie aber erst, wenn der Gastgeber auch das ganze Drumherum bedacht hat: Schon Stunden zuvor muß er das Teegebäck aus süßer Bohnenpaste zubereitet und liebevoll dekoriert haben (Wagashi, siehe S. 120 ff.). Welcher Tee in welchen Geräten wie zubereitet wird, richtet sich nach der Jahreszeit. Manche Zeremonien gibt es nur in bestimmten Monaten oder bei besonderen Wetterverhältnissen.

Ein Fenster, das sich nicht leicht öffnet

Dem Anlaß entsprechend wählt der Gastgeber die Matcha-Dose und die getöpferten Teeschalen aus. Das Bild, das an der Wand des schlicht

eingerichteten Raumes hängt, wird ganz bewußt für die jeweilige Situation und Stimmung ausgewählt, auch die Blumen in der Vase müssen der Jahreszeit entsprechen. Wer die Teekunst formvollendet beherrscht, weiß zudem die Fragen der Gäste nach der Herkunft des Tees, der Teedose und der Teeschale zu beantworten – auf japanisch, versteht sich.
So dauert es etliche Jahre, bis man gelernt hat, den Matcha richtig zuzubereiten und zu servieren. Die Teezeremonie sei „ein Fenster, das tief in die Seele Japans blicken läßt", sagte denn auch der amerikanische Gelehrte Edwin O. Reischauer. Er fügte nachdenklich hinzu: „Unglücklicherweise ist es ein Fenster, das sich nicht leicht öffnet."

Zu Besuch im Münchner Teehaus

Nur wenige Schritte vom lärmenden Treiben der Großstadt München entfernt taucht der Spaziergänger in eine ganz andere Welt ein und findet sich mitten in Japan wieder: Das Teehaus „Kan Sho An" steht auf einer kleinen Insel im Englischen Garten, es liegt im Schatten des monumentalen Hauses der Kunst. In dem Teehaus, das Dr. Sôshitsu Sen 1972 anläßlich der Olympischen Spiele dem Freistaat Bayern stiftete, treffen sich mehrmals wöchentlich Teeschüler der Urasenke Dokokai München. An den Wochenenden der Sommermonate bietet die Studiengruppe Teezeremonien auch für Gäste an.

Eine Situation – eine Zusammenkunft

An diesem Übungsabend im März übernimmt Gerhardt Staufenbiel, der Präsident des Dokokai, die Rolle des Gastes. Sein Teeschüler, der extra aus Österreich nach München kam, wird der Gastgeber sein: Er möchte die aufwendige Koicha-Zubereitung üben, Koicha ist ein sogenannter „dicker Tee".
Noch scheint ein wenig Dämmerlicht durch die beiden, mit Sprossenrahmen und weißem Reispapier verdeckten Fensteröffnungen. Goldgelbe Sonnenstrahlen erleuchten das Rund und das Rechteck geheimnisvoll von unten nach oben. Der Teeraum ist mit sechs großen, rechteckigen Wiesenstrohmatten (Tatami) ausgelegt, je eine weitere Matte liegt vor dem runden Fenster und in der Bilderecke. Auf dem von oben nach unten abgerollten Spruchband in der Nische ist das Motto dieser Zeremonie zu lesen: „Eine Situation – eine Zusammenkunft."

Blütenmotive schmücken diese Leckereien (merikeri), die bei japanischen Teezeremonien sehr beliebt sind.

länger kochen, um das überschüssige Wasser verdampfen zu lassen. Wichtig ist das ständige Rühren, damit der Teig nicht anbrennt. Den fertigen Bohnenteig auf eine Glas- oder Keramikplatte geben und abkühlen lassen. Zur längeren Aufbewahrung die Rohmasse einfrieren, keinesfalls in einer Blechdose aufbewahren.

☞ **Tip:** Für Sommer-Wagashi bereiten Sie eine Paste aus roten Adzukibohnen und eine aus weißen Bohnen zu. Formen Sie etwa 3 cm große Kugeln, innen ist die rote Masse, außen die helle.

Kinton – farbige kleine Kugeln

Die Wagashi, die die Jahreszeiten widerspiegeln sollen, heißen Kinton: Die Bohnenpaste wird dafür je nach Saison eingefärbt und dann durch ein Sieb zu dünnen Fäden gepreßt. Damit werden kleine Bälle – aus

Wagashi-Spezialitäten
Chatsu: leicht gerösteter Teig aus grünem Tee und Mehl, gefüllt mit Bohnenpaste und schwarzen Sesamkörnern
Dorayaki: mit Bohnenpaste gefüllte Teigplatten
Karinto: Blöcke aus frittiertem Teig, mit zerlassenem braunen Zucker bestrichen
Kinton: mit jahreszeitlich gefärbten Teigfäden dekorierte Kugeln
Manjyuu: runde Reiskekse mit einer Füllung aus Bohnenpaste
Monaka: Bohnenpaste in waffelartigen Reiskräckern
Rakugan: Mehl-Zucker-Mischung, die in verschiedene Formen gepreßt wird
Okoshi: trockene Kekse aus Puffreis und Sirup
Youkan: Bohnenkuchen

Wagashi aufbewahren
Da die japanischen Süßigkeiten nicht im Ofen gebacken werden, verderben sie schnell. Im Kühlschrank können Sie die Wagashi zwei bis drei Tage aufbewahren, an der Luft noch etwas länger, obwohl der Teig dann allmählich austrocknet. Achten Sie darauf, daß sich kein Schimmel bildet.

- Wenn Sie die Wagashi in einem Plastikbeutel einfrieren, halten sie bis zu einem Monat.
- Fertigen Sie eine größere Menge Teig an, und geben Sie einen Teil davon ins Tiefkühlfach. Nach spätestens vier Wochen müssen Sie ihn weiterverarbeiten.

einer anderen Bohnenpaste – dekoriert. Die dünnen Fäden färbt man im Frühling weiß, hellrosa oder pink, um an die sich öffnenden Knospen zu erinnern. Im Frühsommer sind grüne Teigfäden beliebt, sie sollen wie junge Blätter aussehen. Orange und Rottöne herrschen im Herbst vor, und Weiß ist die Farbe des Winters.

- Rohmasse aus weißen Bohnen herstellen. Herdplatte auf Null stellen, ein wenig Paste aus dem Topf nehmen und mit Lebensmittelfarben färben. Die gefärbte Masse zurück in den Topf geben und unter ständigem Rühren mit dem restlichen Teig vermischen, bis sich die Farbe gleichmäßig verteilt hat.

☞ **Tip:** Im Frühsommer sind die Süßigkeiten außen grün. Um sprießende Gräser nachzuahmen, drücken Sie die gefärbte Masse durch ein großporiges Sieb. Die so entstandenen Würstchen setzen Sie vorsichtig – am besten mit einer Pinzette – auf eine Kugel aus dunkler Bohnenpaste.

Mit Bohnenpaste gefüllte Reiskugeln

Zutaten:
2 Tassen gekochter, japanischer Reis
1/2 Tasse rote Bohnenpaste
Zubereitung: Rote Bohnenpaste zubereiten (siehe S. 123) und japanischen Reis nach dem auf Seite 130 angegebenen Rezept kochen. Aus der Bohnenpaste kleine Kugeln formen und mit Reis umhüllen, so daß sie einen Durchmesser von etwa 3 cm bekommen.

Farbige Geleewürfel

Zutaten:
1/2 l Fruchtsaft
2 gestrichene TL Agar-Agar
Dekoration:
50 g Adzukibohnen
Zubereitung: Adzukibohnen über Nacht in kaltem Wasser einweichen, am nächsten Tag das Wasser abgießen. Bohnen 1 Stunde in Wasser kochen, bis sie weich sind. Kochwasser abgießen und Bohnen abkühlen lassen. Fruchtsaft mit Agar-Agar in einem Topf zum Kochen bringen und bei niedriger Hitze so lange rühren, bis die Masse leicht geliert. Die Hälfte der Flüssigkeit in eine rechteckige Schale (Eisschale) gießen und in den Kühlschrank stellen, bis sie fest ist. Gekochte Adzukibohnen darauf verteilen und restliche Geleemischung dazu geben. Im Kühlschrank abkühlen lassen, Masse in Würfel schneiden und stürzen.

☞ **Tip:** Agar-Agar quillt in kaltem Wasser, in siedendem Wasser löst es sich leicht auf, beim Abkühlen auf etwa 40° C geliert es. Die schnittfeste Masse können Sie ohne weiteres wieder verflüssigen, indem Sie sie einfach erwärmen. Mit Gelatine würde das nicht funktionieren – wenn sie einmal fest ist, können Sie den Prozeß nicht mehr rückgängig machen.

Kaiseki – japanische Gerichte während der Teezeremonie

Haben Sie schon einmal ein Kaiseki-Gericht probiert? Dieses schlichte, aber liebevoll zubereitete Essen beginnt traditionell mit einer Misosuppe, Reis und etwas Gesäuertem – danach können viele weitere Kleinigkeiten folgen. Die Zubereitung orientiert sich an der Küche der Zen-Mönche, die rein vegetarisch ist. In der Kaiseki-Küche wird jedoch auch Fisch verwendet.
Ursprünglich wurde Kaiseki nur zur Teezeremonie serviert: Sie beginnt mit dem Essen, danach gibt es Wagashi, gefolgt von „Koicha“, dem dicken Tee. Mit „Higashi“ (trockene Kekse) und „Usucha“, dem dünnen Tee, wird die bis zu fünf Stunden dauernde Zeremonie beendet.
Kaiseki hat die Kochkunst Japans so stark beeinflußt, daß es heute zum Synonym für ein besonders festliches und ästhetisch zubereitetes Mahl geworden ist. Neuere Rezepte verwenden außer dem Gemüse auch Geflügel, Fleisch und Meeresfrüchte.

➠ *Wußten Sie,* daß der Gastgeber bei einem traditionellen Kaiseki nichts ißt? Seine Aufgabe ist es, die vielen einzelnen Gerichte genau im richtigen Moment zu servieren, zwischendurch die Gäste zu unterhalten und trotz allem die Ruhe zu bewahren.

Wie ein warmer Stein auf dem Bauch

Das ursprüngliche Kaiseki ist kein üppiges Mahl, darauf weist schon das japanische Wort hin: Die Silbe „kai“ stammt von Kaichu, der Falte, die sich ergibt, wenn man die eine Seite eines Kimonos über die andere legt. Beim Binden der Schärpe entsteht eine Tasche, in die die Zen-Priester früher einen heißen, mit einem Tuch umwickelten Stein („seki“) legten. Die Wärme des Steins soll ihnen geholfen haben, in der Zeit zwischen der Morgen- und der Abendmahlzeit nicht hungrig zu werden.
Bei der Auswahl der Zutaten für ein Kaiseki-Essen orientieren sich die Teemeister an dem chinesischen Ganzheitsmodell, das auf den fünf Elementen beruht: Das Essen soll die fünf Sinne ansprechen, als sechsten nehmen die Japaner das Denken bzw. Wissen hinzu. Zudem sollen die fünf Geschmacksrichtungen und Farben abgedeckt werden. Sauer und grün gehören zum Element Holz, bitter und rot zum Feuer, süß und gelbbraun zur Erde, scharf und weiß zum Metall und salzig und blau zum Wasser. Die einzelnen Zutaten sollen sich auch verschieden auf der Zunge anfühlen, die einen haben noch Biß, die anderen sind eher flüssig.

Fünf Gäste, niemals vier

Darüber hinaus berücksichtigen vollkommene Teemeister die vier Grundprinzipien des japanischen Großmeisters Sen Rikyû: Wa (Harmonie), Kei (Ehrfurcht), Sei (Reinheit) und Jaku (Stille).
Um diese hohen Ansprüche zu erfüllen, wird das Essen lange im voraus geplant. Eingeladen werden maximal fünf Gäste, während des Essens sitzen sie im Fersensitz (Seisa) auf dem Boden. Die Anzahl „vier" vermeiden die Japaner, weil das Wort wie „Tod" klingt. Es brächte deshalb Unglück, eine einmal angenommene Einladung wieder abzusagen.

☞ **Tip:** Lassen Sie sich von den folgenden Rezepten inspirieren – so bekommen Sie einen ersten Eindruck von der japanischen Teeküche. Wenn Sie mehr über Kaiseki lernen möchten, sollten Sie an einem speziellen Workshop teilnehmen (Adressen der Urasenke-Institute im Anhang).

Keine Mengenangaben in japanischen Rezepten

Japanische Rezepte kommen ganz ohne Mengenangaben aus. Sie müssen also eigentlich schon wissen, wie Ihr Essen schmekken soll, damit Sie es auch richtig zubereiten können. Europäische Kochbücher geben jedoch an, wieviel Sie nehmen müssen: Lassen Sie sich von den Angaben nicht einengen, und schmecken Sie die Gerichte so ab, wie es Ihnen gefällt.

Traditionelles Menü

Bei einem Kaiseki-Essen zählt man keine Gänge, es gliedert sich durch sogenannte „Suimono", das sind „wäßrige Dinge". Ein klassisches Kaiseki, wie es bei einer Teezeremonie serviert wird, besteht aus drei „Suimono". Ein weltliches Kaiseki ist prächtiger und kann bis zu fünf „wäßrige Dinge" enthalten:

- Reis, Misosuppe und Gesäuertes (Mukôzuke: Gemüse oder Fisch)
- Nimono: etwas in Flüssigkeit Gekochtes (meist Fisch)
- Yakimono: etwas Gegrilltes (meist Fisch)
- Hashi Arai: Stäbchen waschen (nur bei der Teezeremonie)
- Hassun: etwas aus den Bergen und etwas aus dem Wasser, dazu wird warmer Sake gereicht
- Am Ende „waschen" die Gäste das Geschirr, damit alles wieder so ist wie zu Beginn der Zeremonie.

Reis, Misosuppe und Gesäuertes

Zu Beginn eines Kaiseki-Essens nehmen die Gäste zuerst einen Bissen Reis zu sich. Diese Tradition stammt aus dem Zen-Buddhismus: Vor dem Essen greifen die Mönche mit den Stäbchen drei Körnchen Reis und legen sie vor sich hin. Damit drücken sie ihren Dank an die hungrigen Geister aus – das sind Tote, die im Leben nicht alles erledigt haben, an ihren Platz zurückkehren und besänftigt werden wollen.
Der Mann in der Fernsehwerbung hat es anschaulich demonstriert: Gekochter Reis sollte trocken und körnig sein, damit er Korn für Korn vom Löffel fällt – so jedenfalls propagieren es die Köche im Westen. In Asien hingegen liebt man klebrigen Reis, denn die weißen Körner sollen zusammenhalten, damit sie beim Essen nicht von den Stäbchen fallen. Weltweit gibt es rund 8000 verschiedene Reissorten. Für ein stilechtes Kaiseki sollten Sie japanischen Reis wählen, als Ersatz können Sie auch chinesischen nehmen.

So gelingt der japanische Reis

Den trockenen Reis mit einer Tasse abmessen. Körner in viel kaltem Wasser so lange waschen, bis die Flüssigkeit nicht mehr milchig ist. Der Reis quillt jetzt schon etwas. Pro Tasse trockenen Reis eine Tasse kaltes Wasser in einen Topf geben, bei älterem Reis brauchen Sie etwas mehr Flüssigkeit. Deckel auf den Topf legen und während des Kochens nicht anheben, um nachzuschauen oder zu rühren. Wenn das Wasser kocht, Herdplatte ausschalten und Topf stehen lassen. Küchenhandtuch über den Deckel legen und Reis etwa 20 Minuten quellen lassen.

☞ **Tip für Kaiseki:** Der Reis, den Sie zum ersten „wäßrigen Ding" (Misosuppe) servieren, sieht wie ein Halbmond aus. Auf japanisch heißt die Form „Ichimonji", weil sie einer japanischen Eins ähnelt. Dafür stechen Sie den Reis aus dem Topf ab, indem Sie einen Bratenwender von der Mitte aus schräg nach unten zum Topfrand führen und den Halbmond herausheben.

Misosuppe – schmackhaft und leicht zu variieren

Viele Japaner essen ihre Misosuppe am liebsten morgens: Sie ist kalorienarm und sättigt trotzdem, wirkt anregend und fördert die Verdauung und den Stoffwechsel. Ihr Wesen entspricht dem Geist des Zen, denn sie läßt sich einfach zubereiten und jeden Tag wieder aufs neue variieren. Der Teemeister Kaichi Tsuji schreibt über die Miso-

Misosuppe mit Shiitake-Pilzen.

suppe: „Ihr Geschmack muß fein, voll und vielseitig sein. Eine gute Misoshiru (Misosuppe) ist wie der widerhallende Ton einer Tempelglocke. Ihre Qualität liegt in ihrem Nachgeschmack, der den Gast zu einer zweiten Schale verführt ... Ihr Geschmack ist wirklich der Geschmack Japans.“

Miso ist eine gekochte und fermentierte Sojabohnenpaste, die je nach Sorte und Herstellungsart einen anderen erdigen Farbton hat und wie Erdnußbutter aussieht. Im wesentlichen gibt es sechs Grundarten, Kenner können aber mehr als 28 Varianten unterscheiden. Die Basistypen werden aus Reis, Gerste (Mugi) oder Sojabohnen hergestellt, jede Art gibt es süß, mild und salzig sowie in Rot, Hellgelb und Weiß. Gersten-Miso wird in der Teeküche nicht verwendet.

Da viele Japaner aber mindestens einmal am Tag eine Misosuppe essen und die fermentierte Sojabohnenpaste auch sonst gern zum Kochen verwenden, kommen sie durchschnittlich auf sieben Teelöffel pro Tag.

➠ *Wußten Sie,* daß Miso 5,5 bis 13 Prozent Salz enthält, aber auch entsprechend viel Kalium? Wenn Sie die fermentierte Sojabohnenpaste täglich in Ihren Speiseplan aufnehmen wollen, bleibt das Natrium-Kalium-Verhältnis ausgewogen, und Sie brauchen keine gesundheitlichen Beschwerden zu befürchten.

Miso – Die Kunst des Mischens

Für einfache Misosuppen nimmt man meist nur eine Sorte Miso, Könner kombinieren jedoch zwei ganz verschiedene Sorten – und darin liegt das Geheimnis einer guten Suppe. Besonders beliebt sind folgende Mischungen:

salzig: 4 Teile rotes oder hellgelbes Miso und 1 Teil Hatcho-Miso
salzig-süß: 3 Teile rotes und 2 Teile süßes weißes Miso
mild: 1 Teil rotes und 9 Teile weißes Miso

☞ **Tip:** Merken Sie sich für den Vergleich der Sorten die Faustregel: Je dunkler das Miso, desto salziger. Je heller das Miso, desto milder.

Misosuppe aus vier Grundzutaten

1. Dashi (Suppengrundlage)
2. Miso (fermentierte Sojabohnenpaste)
3. feste Bestandteile wie Gemüse, Tofu und Algen
4. Garnitur

„Dashi" – die Suppengrundlage

Für eine Misosuppe brauchen Sie Dashi, das ist eine japanische Allzweck-Suppengrundlage, die aus Seetangblättern (Konbu) und Fischflocken hergestellt wird. Die Fischflocken stammen von gesalzenem Stockfisch, der in der Sonne getrocknet wurde. Für eine Dashi eignet sich am besten „Katsuobushi" (getrockneter Blaufisch), Sie können aber auch „Hanakatsuo" (getrockneten Thunfisch) nehmen.

Instant-Dashi sieht wie das Pulver einer Gemüse- oder Hühnerbrühe aus, damit zubereitete Suppen schmecken aber lange nicht so gut wie die, die mit frischem Dashi gekocht werden. Für eine gute Misosuppe empfiehlt es sich, das sogenannte „Hon-Dashi" zu nehmen – es enthält kein Salz.

☞ **Tip:** Frisches Dashi hält sich zwei bis drei Tage, wenn Sie es in einen gut verschlossenen Behälter füllen und im Kühlschrank aufbewahren. Als Ersatz können Sie auch Gemüsebrühe verwenden.

Ichiban Dashi

Zutaten:

8 × 8 cm großes Stück Blatt-Tang (Konbu)

1 Tasse Fischflocken

Zubereitung: Blatt-Tang mit einem feuchten Tuch kurz abwischen, um das überschüssige Salz zu entfernen. In einem großen Topf mit 1,5 l kaltem Wasser zum Kochen bringen. Sowie das Wasser siedet, Blatt-Tang mit einer Zange oder einem Löffel herausnehmen, sonst wird er schleimig. Topf von der Herdplatte nehmen und Fischflocken hineinrühren. Nach 2 Minuten, wenn die Fischflocken auf den Boden des Topfes gesunken sind, Brühe abgießen und für die Misosuppe verwenden.

☞ **Tip:** Dashi sollten Sie immer frisch zubereiten. Sie können die Brühe maximal acht Stunden bei Zimmertemperatur stehenlassen, ohne daß sie ihren typischen, leicht fischigen Geschmack verliert. Mit einer Folie bedeckt können Sie Dashi bis zu zwei Tage im Kühlschrank aufbewahren. Den Seetang und die Fischflocken werfen Sie in der Regel weg, Sie können die gekochten Zutaten aber auch noch einmal für eine schwächere Brühe benutzen.

Grundrezept für eine Misosuppe

Zutaten:
1,5 l Dashi
wahlweise:
1/2 Tasse rote Sojabohnenpaste (Aka Miso)
oder 1 Tasse weiße Sojabohnenpaste (Shiro Miso)
oder je 1/2 Tasse rote und weiße Sojabohnenpaste

Zubereitung: Dashi in einen Topf geben und zum Kochen bringen. Während des Erwärmens ein kleines Sieb in die Brühe halten und mit dem Rücken eines Löffels die Misopaste durch das Sieb streichen. Das Miso löst sich in der Flüssigkeit leicht auf. Die Brühe so lange weiter köcheln lassen, bis die ersten Blasen aufsteigen. In Schalen gießen und sofort servieren.

☞ **Tip:** Wenn die Misosuppe in ihre Zutaten zerfallen und etwas flockig aussehen sollte, rühren Sie sie einfach noch einmal kurz um.

So dekorieren Sie eine Misosuppe

Jedes japanisches Essen soll auch etwas fürs Auge sein. Deshalb geben Sie als Garnitur ein paar feste Bestandteile in die Suppe. Füllen Sie die Schalen nicht randvoll, und achten Sie darauf, daß die Dekoration nicht versinkt. Hier einige Vorschläge, womit Sie die Misosuppe garnieren können. Bereiten Sie alles vor, bevor Sie die Suppe erhitzen.

- **Grüne Zutat – japanischer Senf:** 1 TL japanisches Senfpulver in einer Tasse oder Schale tropfenweise mit Wasser verrühren, so daß eine dicke Paste entsteht. Gefäß umgedreht auf die Arbeitsplatte stellen und Paste 15 Minuten quellen lassen.
- **Weißer Rettich (Daikon):** Rettich in 1 cm dicke Scheiben und dann in Sechsecke schneiden. In einem Topf mit mildem Dashi bei kleiner Flamme ziehen lassen, der Rettich muß noch Biß haben. Auf jede Scheibe einen Tupfer Senf und zwei gekochte rote Bohnen legen. Statt Rettich können Sie auch weiße Rübe nehmen.
- **Weizengluten-Croûtons mit japanischem Senf:** 15 trockene Croûtons aus Weizengluten (Kohana-Fu oder Yachiyo-Fu) in kaltem Wasser 10 Minuten einweichen und dann ausdrücken. Misosuppe erhitzen, Croûtons hinzugeben und 1 Minute erwärmen. Suppe in Schalen füllen und mit je einem Tropfen japanischen Senf dekorieren.
- **Getrockneter Seetang (Wakame):** Senf aus 1 TL Senfpulver wie oben angegeben zubereiten. 1 Lauchzwiebel in dünne Scheiben schneiden und 30 Minuten in kaltem Wasser stehenlassen, damit sie ihre

Schärfe verliert. 15 g getrockneten Seetang in warmem Wasser 15 Minuten einweichen. Blätter abtropfen lassen, entrippen, zähe Rippe entfernen und Blätter grob hacken. Misosuppe erhitzen, Seetang dazugeben und 1 Minute ziehen lassen. Suppe in Schalen füllen und mit Lauchzwiebelscheiben garnieren.

- **Tofu in Stücken:** 1 Schalotte samt grünen Spitzen in sehr dünne Scheiben schneiden. 100 g Tofu (frisch oder aus der Dose) in kleine Würfel schneiden. Die Stücke in die Misosuppe geben, wenn sie köchelt. Suppe 1 Minute ziehen lassen und beiseite stellen. Suppe in Schalen geben und mit Schalottenscheiben dekorieren.

☞ **Tip:** Um eine Misosuppe stilecht zu essen, holen Sie mit den Stäbchen zuerst die festen Bestandteile aus der Schale. Die warme Suppe trinken Sie hinterher.

Tofu – Sojaquark mit viel Eiweiß

In Ostasien gehört Tofu zu den Grundnahrungsmitteln: Es ist ein weißlicher Sojaquark, der viel pflanzliches Eiweiß, viele Vitamine des B-Komplexes, wenig Fett und kein Cholesterin enthält. Da Tofu wenig Eigengeschmack hat, läßt er sich universell in der Küche einsetzen – gebraten, gedünstet, zu Püree verarbeitet und als Beilage zu Aufläufen, Süßspeisen, Salaten und natürlich auch zur Misosuppe.

Seit mehr als 2000 Jahren ist bekannt, wie man Tofu herstellt: Man läßt gelbe Sojabohnen quellen, zerquetscht sie und kocht sie in Wasser gar. Die Sojamilch filtert man ab und läßt sie mit Hilfe des aus Meersalz gewonnenen Bittersalzes „Nigari" gerinnen. Die Sojaflocken werden schließlich zu Blöcken gepreßt.

☞ **Tip:** Wenn Sie nicht die ganze Menge Tofu sofort verbrauchen, legen Sie den Sojaquark in ein Gefäß und bedecken ihn mit kaltem Wasser. Bewahren Sie den Tofu im Kühlschrank auf, und erneuern Sie jeden Tag das Wasser. Bevor Sie ihn verwenden, spülen Sie ihn noch einmal mit kaltem Wasser ab.

Gesäuertes in der dritten Schale

Zusammen mit Reis und Misosuppe serviert der aufmerksame Gastgeber auch etwas Gesäuertes (Mukôzuke). In Japan bekommen Sie ein Stück Weißfisch, der mit Reisessig angemacht ist. Da der Fisch aber absolut frisch sein muß, ersetzt man ihn in Europa gern durch Gemüse.

Saure Salatgurke: 1 Salatgurke der Länge nach halbieren und entkernen. In hauchdünne Scheiben raspeln, kräftig salzen und 15 Minuten stehenlassen. In ein Sieb geben und das Salz unter kaltem Wasser wegspülen. Abgetropfte Gurkenscheiben in eine Schüssel geben. 1 EL Reisessig und 1 EL Sake im kleinen Topf mischen und kurz aufkochen, damit der Alkohol verdunstet. Mit 1 Messerspitze Salz abschmecken, abkühlen lassen und mit 1 TL Mirin (süßer Sake) abschmecken. Flüssigkeit über die Gurkenscheiben spritzen und zum Fermentieren 1 Stunde in den Kühlschrank stellen. In jede Schale 2 gehäufte EL gesäuerte Gurke geben, mit Minze und rotem Kaviar dekorieren.

Wein und Essig, aus Reis gewonnen

Reis kennen Europäer meist nur als Sättigungsbeilage. Doch in Asien stellt man vielerlei daraus her – unter anderem auch Reiswein (Sake): Die Japaner trinken ihn am liebsten warm, sie nehmen ihn aber auch zum Würzen von Speisen.

Sake schmeckt ähnlich wie Sherry, enthält mit 12 bis 17 Vol.-% aber weniger Alkohol. Er wird aus Reis, Koji und Wasser hergestellt – Koji sind in der Luft natürlich vorkommende Schimmelpilze, die den Reis nach einigen Stunden zersetzen.

Aus Sake wiederum wird Reisessig hergestellt, in Asien gibt es weißen, roten und schwarzen Reisessig zu kaufen. Chinesische Köche reichen weißen Reisessig zu scharfen Gerichten, roten zu gekochten Krustentieren und schwarzen zu gedünstetem Fleisch.

Schalen im Dreieck aufgestellt

Reis, Misosuppe und Gesäuertes servieren Sie jedem Gast zusammen mit den Eßstäbchen auf einem eigenen quadratischen Tablett. Pro Person benötigen Sie fünf Portionsschalen, drei davon stehen im Dreieck. Die Basis bilden die größere Schale für den Reis (vom Gast aus links) und die kleinere für die Misosuppe (rechts). Auf beiden Schalen steht jeweils eine etwas kleinere, umgedrehte Schale als Deckel. An die Spitze kommt das gesäuerte Gemüse – ohne Deckel.

Bei einer Teezeremonie serviert der Gastgeber je zwei schwarze Lackschalen für Reis und Misosuppe und eine Porzellanschale für das gesäuerte Gemüse. Das Tablett sollte aus lackiertem Holz sein, Japaner bervorzugen es in Schwarz.

Wenn die Gäste mit dem Essen beginnen, heben sie mit beiden Händen zugleich die rechte und die linke Deckelschale an und kippen sie nach hinten weg. So strömt der Duft zu ihnen hin, und sie können sich auf den Genuß freuen. Bevor sie mit dem Essen beginnen, stellen sie die beiden Deckelschalen erst ineinander und dann beiseite. Als aufmerksamer Gastgeber reichen Sie auf Wunsch Reis und Misosuppe nach.

➡ *Wußten Sie,* das japanische Eßstäbchen kürzer als chinesische sind? Zudem haben sie einen runden Querschnitt und laufen vorn spitz aus. Gute japanische Stäbchen sind aus lackiertem Holz gefertigt, als Farben sind Dunkelrot und Schwarz beliebt.

Nimono – am liebsten gekochter Fisch

Beim Kaiseki folgt auf Reis, Misosuppe und Gesäuertes ein zweiter Gang: Nimono – gekochtes Dings, denn „Ni" heißt auf japanisch „gekocht", und „Mono" steht für „Dings". Nimono erinnert häufig an eine Chrysantheme, die in einer delikaten Brühe (Dashi) schwimmt. Viele japanische Teemeister nehmen einen kunstvoll zubereiteten Weißfisch dafür, im Herbst imitieren sie das Laub mit Möhren. Serviert wird Nimono in einer weiteren Portionsschale mit Deckel.

Fisch in Blütenform: 1,5 l Dashi zubereiten und mit einem Spritzer Zitrone, etwas Salz und Sojasauce abschmecken. Pro Person rechnen Sie ein kleines Stück Schellfisch, Kabeljau oder Lotte (Seeteufel). Fisch in Sechsecke schneiden und auf zwei Schaschlikspieße legen. Mit einem scharfen Messer längs und quer Linien im Abstand von 0,5 cm schneiden, so daß quadratische Stifte stehen bleiben, der Fisch aber nicht durchgetrennt ist. Fischstücke auf ein ebenes Sieb legen, Sake mit wenig Wasser mischen und über den Fisch träufeln. Wasser im Topf zum Kochen bringen, Sieb über den Topfrand legen und Fisch im Dampf garen. Dabei öffnet sich das Muster, es erinnert an eine Chrysantheme. In jede Schale ein Fischstück legen und mit „Blütenfäden" aus roten oder gelbem Gemüse (z. B. Paprika) dekorieren. Nur soviel Dashi vorsichtig in die Schalen geben, daß der Fisch schwimmt, aber nicht untergeht.

Herbstlaub aus Möhren: 1,5 l Dashi zubereiten. 3 Möhren schälen, in hauchdünne Scheiben und dann in etwa 1 × 1 cm große Quadrate schneiden. Wer möchte, kann auch Blattformen ausschneiden. Möhren in heißer Dashi nur solange ziehen lassen, daß sie noch etwas Biß haben. Brühe samt Möhren in Portionsschalen geben und mit Minzblättern dekorieren.

Yakimono – etwas Gegrilltes

Nach dem Nimono wird in der Regel etwas Gegrilltes serviert: Yakimono. Meist grillt man einige Fischstücke, Europäer nehmen gern Lachs dazu. Die Garnitur müssen Sie einen Tag vor dem Kaiseki zubereiten.

Gegrillter Fisch: Pro Person brauchen Sie ein etwa 8 x 8 cm großes Stück Lachs. Die Hautseite dick mit Salz einreiben und 1 Stunde ziehen lassen. Teriyaki-Sauce (Produkt aus Sojasauce, Mirin und Sake) in einen tiefen Teller geben und die andere Seite des Lachses hineintunken, das Zucker des Mirins karamelisiert dabei. Fischstücke mit der Hautseite auf den Grill legen und mit etwas Teriyaki-Sauce beträufeln. Fisch umdrehen und auch auf dieser Seite grillen. Die Haut vom Lachs entfernen, Fisch in Portionsschalen legen.

Blüten-Dekoration: Zum Lachs servieren Sie ein wenig gesäuertes Gemüse, es eignen sich Rettich, Rübe und dicke Radieschen. Rettich oder Rübe in etwa 3 cm breite Stücke schneiden und aufstellen.

Die sorgfältige Dekoration macht den gegrillten Lachs zu einem Augenschmaus.

Radieschen unten flach abschneiden, damit sie nicht wegrollen. Stücke oben mit einem Messer kreuzweise einschneiden, so daß feine Stifte stehenbleiben, und salzen. Gemüse nach 1 Stunde in ein Sieb geben, Salz unter fließendem Wasser auswaschen und Stücke abtropfen lassen. 1 EL Reisessig und 1 EL Sake in einem kleinen Topf kurz aufkochen lassen. 1 Prise Salz zugeben, abkühlen lassen, mit 1 TL Mirin abschmecken. Sauce über das Gemüse träufeln. 1 Tag in den Kühlschrank stellen – dann „blüht" das Gemüse wie eine Chrysantheme auf. Dekoration neben den gegrillten Fisch legen und servieren.

Hashi Arai – Stäbchen „waschen"

Nach dem Fisch folgt bei einem klassischen Kaiseki das Waschen der Eßstäbchen. Dafür legt der Gastgeber sehr fein geschnittene Ingwerwurzeln in kaltem Wasser ein und kocht sie später weich. Zum Ingwer kommt pro Person eine kleingeschnittene „Salzpflaume", beides wird in Reisessig und Salzlake eingelegt. Mit den Stäbchen fischt man erst die festen Bestandteile aus dem „gewürzten" Wasser, dann trinkt man die Flüssigkeit aus.

➠ *Nach alter Tradition* soll die „Salzpflaume", die eigentlich eine Aprikose ist, den Gaumen reinigen. Der Ingwer soll in Magen und Darm aufräumen.

Hassun – Symbole für das Meer und die Berge

Wenn das Yakimono beendet ist, bringt der Gastgeber für jeden Gast ein quadratisches Holztablett: Auf japanisch heißt es „Hassun", denn es ist 8 × 8 Sun groß. Die Maßeinheit „Sun" ergibt sich durch die Rillenbreite der Tatami-Matten, die im japanischen Teehaus auf dem Boden liegen. 1 Sun entspricht der Breite von zwei Rillen, das Tablett ist somit etwa 24 × 24 cm groß.

Hassun – das auf dem gleichnamigen Tablett servierte Essen – soll an das Meer und die Berge erinnern. Wo die Zutaten auf dem Tablett liegen, ist genau vorgeschrieben: Der Platz für das Meer ist unten links, als Symbol dienen meist ein paar gekochte Krabben. Oben rechts werden einige in Öl angebratene und gesalzene Nüsse zu einem Berg angehäuft. Dazu trinken die Gäste aus kleinen Schälchen warmen Sake (Reiswein).

➠ *Wußten Sie,* daß es beim Kaiseki ein Ritual rund um das Trinken des Reisweins gibt? Ein Gast nach dem anderen fragt den Teemeister, ob er nicht auch etwas Reiswein trinken wolle. Traditionell verneint der Gastgeber die Frage, läßt sich aber auf das Angebot ein, etwas Sake aus dem Schälchen jedes Gastes zu trinken. Nach dem letzten Schluck wischt er das Schälchen mit einem Papier sauber und gibt es dem Gast wieder zurück. So kommt der Gastgeber wenigstens dazu, etwas Reiswein zu trinken – am Essen beteiligt er sich jedoch nicht.

Zum Abschluß „waschen" die Gäste das Geschirr

Bei der Teezeremonie endet ein Kaiseki-Essen damit, daß die Gäste alles wieder so herrichten, wie es zu Anfang war. Der Teemeister schabt die letzten Reste Reis aus dem Kochtopf und füllt sie in eine große Schale. Da der Reis manchmal schon etwas braun gebrannt ist, hat er ein ganz besonderes Aroma. In den Topf kommt Wasser, das erhitzt wird.

Die Gäste essen den Reis und wischen dann mit sauer eingelegtem Gemüse (meist Rettich) nacheinander die vier Portionsschalen aus – und zwar beginnen sie mit der Schale, die sie zuletzt benutzt haben, und gehen dann in der Reihenfolge rückwärts. Der Gastgeber füllt etwas Reiswasser in die Misosuppenschale, und die Gäste gießen es nacheinander in die anderen drei Schalen um. Dann trinken sie das Wasser aus – kein Körnchen Reis darf mehr zurückbleiben. Zum Schluß wischen die Gäste ihre Schalen mit einem Stück Papier sauber.

➡ *Wußten Sie,* daß die Gäste mit einem Zeichen deutlich machen, daß sie mit dem Kaiseki fertig sind? Während der Gastgeber in der Küche ist, gibt der sogenannte „erste Gast" das Kommando, die Eßstäbchen mit einem gut hörbaren Geräusch zurück ins Tablett zu schieben. Dafür schlagen die Gäste mit der rechten Hand so gegen die Stäbchen, daß sie an den linken inneren Tablettrand prallen. Das gemeinsame „Klacken" ist für den Gastgeber das Signal, zurückzukommen und das Geschirr abzuräumen.

Literatur

Adrian, Hans G.: Einladung zum Tee – Japans Teezeremonie, Bremen, 1979

Adrian, Hans G.; Temming, Rolf L.; Vollers, Arend: Das Teebuch, München, 1983

Ale'jos: T'u Ch'uan. Grüne Wunderdroge Tee, Verlag Wilhelm Braumüller, Wien, 1991

Blofeld, John: Das Tao des Teetrinkens, Bern, 1988 (vergriffen)

Deutsches Teebüro: Tee für Wissensdurstige, Gräfelfing, 1994

Feldheim, Walter: Tee und Tee-Erzeugnisse, Berlin, 1994

Hagner, Charlotte: Tee und Baumwolle aus kontrolliert biologischem Anbau – Wie hat sich der Markt in Deutschland entwickelt?, Institut für Agrarpolitik und Marktforschung, Gießen, 1996

Hsiang-Fan, Hu; Zerbst, Marion: Natürlich gesund durch grünen Tee, Stuttgart, 1998

Merzenich, Bernd; Imfeld, Al: Tee – Gewohnheiten Konsequenzen, Berlin, 1994

Okakura, Kakuzo: Das Buch vom Tee, Frankfurt, o. J. (Englisch zuerst 1906)

Oppliger, Peter: Der grüne Tee, Augsburg, 1996

Pfaff, Kerstin; Beimdick, Eva: Der internationale Teemarkt: Marktüberblick, Protektionsanalyse und Entwicklung ökologisch erzeugter Tees, Institut für Agrarpolitik und Marktforschung, Gießen, 1997

Scholz, Dr. Eberhard; Bertram, B.: Camellia sinensis (L.) *O. Kuntze,* Der Teestrauch; in: Zeitschrift für Phytotherapie 17, 235–250, Stuttgart, 1995

Schwarz, Aljoscha; Schweppe, Ronald: Grüner Tee – Lebenselixier für Körper und Seele, München, 1998

Teufl, Cornelia: Grüner Tee, Niedernhausen, 1998

Tsuji, Kaiji: Zen-Tastes in Japanese Cooking, Tokio, 1971

Zittlau, Dr. Jörg: Grüner Tee für Gesundheit und Vitalität, München, 1997

Hilfreiche Adressen / Homepages / E-Mail-Adressen

Deutsches Teebüro
Katharinenstraße 33, D-20457 Hamburg
Telefon: 040/37 51 84-41; Fax: -43

Österreichischer Kaffee- und Teeverband
Dr. Heinz Vejpustek, Alser Straße 45, A-1080 Wien
Telefon: 1/405 74 42; Fax: 1/408 78 11

Demmer Handelsgesellschaft
Andrew Demmer, Karl-Tornay-Gasse 34, A-1230 Wien
Telefon: 1/699 83 20; Fax: 1/699 63 39, e-Mail: office@demmer.at
Internet: http://www.demmer.at

Joh. Schönbichler & Co.
Wollzeile 4, A-1010 Wien
Telefon: 1/512 18 68

Jäger Tee
Operngasse 6, A-1010 Wien
Telefon: 1/512 62 59

Teekanne Ges. m. b. H.
Münchner Bundesstraße 120, A-5020 Salzburg
Telefon: 0662/43 55 01-0

Urasenke Deutschland
Ulrich Haas, Wildtalstraße 81, D-79108 Freiburg
Telefon: 0761/570 71; Fax: 0761/570 72, e-Mail: mdihaas@t-online.de
Internet: http://home.t-online.de/home/teeweg/about.html

Japanisches Teehaus in München
Urasenke Dokokai München
Gerhardt Staufenbiel, Prinzregentenstraße 1, D-80538 München
Telefon: 089/22 43 19, e-Mail: Staufenbiel@urasenke.de

Japanische Teezeremonie in Stuttgart
Linden-Museum im Staatlichen Museum für Völkerkunde
Hegelplatz 1, D-70174 Stuttgart
Telefon: 0711/20 22-3; Fax: -590

Japanische Teezeremonie in Hamburg
Museum für Kunst und Gewerbe
Steintorplatz 1, D-20099 Hamburg
Telefon: 040/24 86-26 30

Chinesische Teeschule
Die Bambusbrücke
Hu Hsiang-fan, Lutherstraße 27, D-71576 Burgstetten
Telefon/Fax: 07191/98 04 86

gepa mbH – Fair Handelshaus
Gewerbepark Wagner, Bruch 4, D-42279 Wuppertal
Telefon: 0202/2 66 83-0; Fax: -10

TransFair
Verein zur Förderung des Fairen Handels mit der „Dritten Welt" e.V.
Dieter Overath, Remigiusstraße 21, D-50937 Köln
Telefon: 0221/94 20 40-0; Fax: -40

Paul Schrader & Co.
Postversand Kundendienst
D-28182 Bremen

Teeblätter-Versand
Roland Gehweiler, Am Maisenbühl 6, D-78333 Wahlwies
Telefon: 07771/92 01 77; Fax: 07771/92 01 78,
e-Mail: Teeblaetter-Versand@bridge.de, Internet: http://teeblaetter.amsee.de

nur natur Stillern-Moosacher GmbH
Versandhandel für Tee, Anbieter für Teereisen nach Darjeeling
Franz Josef Grenzebach. D-82549 Königsdorf
Telefon: 01805/25 62 46; Fax: 08179/82 11, e-Mail: nurnatur@t-online.de
Internet: http://www.nurnatur.de

Deutsch-Chinesische Wu-Shu-Akademie
Anbieter für Teereisen nach China
Dr. Martin Rüttenauer, Postfach 10 04 36, D-78404 Konstanz
Telefon: 07531/248 31; Fax: -162 60, e-Mail: wushu@bridge.de

Karin Hertzer
Freie Journalistin und Buchautorin
Ludwig-Richter-Straße 18, D-80687 München
Telefon/Fax: 089/570 27 48, e-Mail: KHertzer@aol.com

Register